8º R
28681

FÉDÉRATION NATIONALE
des Amicales d'Instituteurs et d'Institutrices
DE FRANCE ET DES COLONIES

ge social : 73, rue Notre-Dame-de-Nazareth, à Paris

ENQUÊTE FÉDÉRALE
concernant le projet de loi
SUR
l'Éducation des Adolescents

REPIQUET, Rapporteur

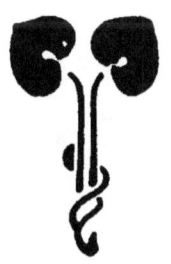

CAHORS
Imprimerie Couestant

FÉDÉRATION NATIONALE
des Amicales d'Instituteurs et d'Institutrices
DE FRANCE ET DES COLONIES

Siège social : 73, rue Notre-Dame-de-Nazareth, à Paris

ENQUÊTE FÉDÉRALE
concernant le projet de loi
sur
l'Éducation des Adolescents

REPIQUET, Rapporteur

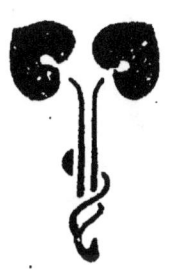

CAHORS
Imprimerie Coueslant

ENQUÊTE FÉDÉRALE
concernant
le projet de loi sur l'éducation des adolescents

REPIQUET, *rapporteur*

Avant-propos

L'appel de la Fédération aux Amicales a été largement entendu. De très nombreuses associations se sont préoccupées d'étudier le projet de loi relatif à l'enseignement aux adolescents, et m'ont adressé des rapports.

Voici, par ordre alphabétique, les noms des départements qui m'ont fait parvenir le résumé de leurs observations :

Ain, Aisne, Allier (Montluçon), Allier (Fédération), Basses-Alpes, Hautes-Alpes, Ardennes, Bouches-du-Rhône, Charente, Côte-d'Or, Creuse, Dordogne, Drôme, Eure, Gard, Haute-Garonne, Gironde, Hérault, Ille-et-Vilaine, Indre, Indre-et-Loir, Jura (A, n° 1), Landes, Loir-et-Cher, Loire, Loire-Inférieure, Loiret, Lot-et-Garonne, Maine-et-Loire, Manche, Marne, Mayenne, Meurthe-et-Moselle, Morbihan, Nord, Pas-de-Calais, Basses-Pyrénées, Pyrénées-Orientales, Haut-Rhin, Rhône, Hte-Saône, Sarthe, Savoie, Hte-Savoie, Seine-et-Marne, Seine-et-Oise, Seine-Inférieure, Somme, Tarn, Var, Vendée, Vosges (Groupe d'Epinal).

Oran, Tunisie, Constantine.

Au nom de la Fédération comme en mon nom personnel, je remercie toutes celles et tous ceux de nos collègues qui ont voulu tenter avec nous d'apporter un peu de lumière et de sens pratique à l'étude de la question.

J'ai lu tous les rapports. Il en est de fort documentés, il en est d'autres plus succincts, mais dans tous, on sent la volonté de faire aboutir la réforme.

A travers les critiques les plus vives se laisse entrevoir le désir bien arrêté de mettre toute la bonne volonté possible à répondre à l'appel du pays. Et toutes les modifications que l'on propose n'ont d'autre but que de sortir le projet de loi des nébulosités de la théorie pure pour l'amener aux réalités applicables.

Plusieurs A. cependant, et je dois ici le dire pour ne rien celer de ce qui est, se sont élevées absolument contre le projet, le déclarant inacceptable pour les instituteurs et inapplicable dans l'ensemble du pays, sans s'élever en aucune façon contre le principe.

Ces A., d'ailleurs, se déclarent prêtes à prendre leur part de travail dans l'élaboration d'un nouveau projet de loi relatif au même objet.

Mais toutes les autres Associations se sont évertuées à rechercher quelles sont les dispositions du projet qui devraient être remaniées pour lui permettre d'entrer dans le domaine pratique.

J'ai puisé, un peu à travers tous les rapports, les données sur lesquelles j'ai organisé ce travail.

J'adresse à tous ceux qui m'ont aidé un cordial et amical remerciement.

Ils retrouveront dans les pages qui vont suivre la plupart des idées qu'ils ont émises et dont quelques-unes sont si bien l'expression de la pensée du personnel qu'on les retrouve dans tous les travaux qui me sont parvenus.

Quelques collègues, indépendamment des associations dont j'ai plus haut cité les noms, m'ont écrit pour me faire part de leurs sentiments personnels et de leurs réflexions au sujet de l'enseignement post-scolaire.

Qu'il me soit permis de leur adresser un fraternel merci. Ce sont nos collègues Lamy, de Vaucluse, qui m'a fait parvenir plusieurs numéros de la *Gazette Aptésienne* où j'ai trouvé nombre d'idées originales, le Brûleur de loups, et de plusieurs autres personnes, même n'appartenant point à l'Enseignement, mais qui s'intéressent au développement intellectuel de la France.

Dans une question comme celle qui est à l'étude, et qui est appelée à avoir une si grande répercussion sur l'avenir du pays tout entier et sur la situation de l'instituteur, aucun avis n'est à négliger et je rends le plus sincère hommage à leur excellente collaboration.

Tous m'excuseront de n'avoir pas extrait de chacun des rapports qui m'ont été adressés des coupures qui indiquent exactement le point de vue de l'association qui l'a rédigé.

J'avais commencé, mais j'ai dû délaisser cette manière de faire. Le peu de temps qui m'était départi ne m'a pas laissé la possibilité de continuer.

Il m'a fallu généraliser, et si j'avais dû publier toutes les idées différentes qui ont été émises par les associations, mon étude aurait pris des proportions gigantesques.

Je me suis seulement efforcé de ne rien oublier dans ce rapport où j'ai cherché, le plus consciencieusement possible, à condenser la pensée de toute la Fédération, formulée par les très nombreuses amicales qui ont étudié le projet de loi.

L'enseignement et l'obligation post-scolaire et le personnel primaire

Ce n'est pas d'aujourd'hui seulement que le souci de l'éducation des adolescents préoccupe l'enseignement primaire.

Souvent, les Instituteurs qui voyaient autour d'eux les associations cléricales s'emparer petit à petit des jeunes gens qu'elles accaparaient, ont poussé un cri d'alarme.

Et s'il m'est permis de me citer moi-même, que l'on m'autorise à redire ici ce que je disais en 1914 en terminant le rapport que j'avais élaboré, au nom de la Fédération, sur le Monopole de l'Enseignement : « *L'Etat, quelle que soit sa décision au sujet du régime futur de l'Enseignement, et même dans le cas où le statu quo serait maintenu, ne peut laisser aux partis de réaction et notamment à l'Eglise le quasi monopole de l'éducation post-scolaire.*

Il se doit à lui-même, il doit au pays et à son avenir, de soutenir et d'encourager les quelques heureuses tentatives déjà faites par l'initiative privée et de prendre la tête du mouvement qui se dessine aujourd'hui.

Actuellement, la loi se désintéresse du PERFECTIONNEMENT *moral et intellectuel de la jeunesse. Elle ignore les adolescents.*

Cependant, l'Eglise, fidèle à sa tactique et à ses intérêts, a multiplié les œuvres de toute espèce où jeunes garçons et jeunes filles, attirés par les plaisirs les plus variés, s'imprègnent peu à peu de ses doctrines et de son esprit.

.....Il semble opportun..... d'indiquer que l'œuvre scolaire demeurerait insuffisante et sans grand effet si elle n'est continuée et complétée par un enseignement pratique et destiné à développer et à fortifier les connaissances acquises sur les bancs de l'école primaire.

Il semble même absolument logique que cet enseignement soit obligatoire.

Comment ! la nation, après avoir consenti les sacrifices énormes que l'on sait pour répandre l'instruction primaire, laisserait, sans rien faire pour l'empêcher, se perdre irrémédiablement la plus grande partie de ce que les futurs citoyens ont appris à l'école.

Comment ! devant l'effort généralisé du parti clérical qui cherche à attirer à soi toute la jeunesse du pays, la République persisterait à rester indifférente ?

Non, il faut que par les soins de l'Etat, les adolescents trouvent à l'école prolongée qu'ils seront tenus de fréquenter : 1° le moyen de développer et de compléter leur ins-

truction générale ; 2° la possibilité d'acquérir les connaissances professionnelles et techniques qui font le bon ouvrier ; 3° enfin la direction morale et les leçons de civisme qui, de l'enfant qu'ils sont encore au moment où ils quittent l'école primaire, feront un citoyen instruit, indépendant et honnête, un ouvrier consciencieux et capable, un esprit large et tolérant.

....

Aussi est-ce un devoir urgent pour l'Etat d'envisager sans retard les voies et moyens propres à préparer l'organisation de l'enseignement post-scolaire.

A 13 ans, l'éducation de l'enfant n'est pas terminée.

Au magasin, à l'atelier ou à la ferme, l'enfant, enlevé à la bienfaisante influence de l'école, risque de se laisser entraîner par les exemples pernicieux et les mauvais conseils.

Il est plus que jamais nécessaire qu'on lui rappelle avec sollicitude où est le devoir, où est la vérité.

....

Indiquons en passant que l'enseignement post-scolaire serait un puissant agent de décentralisation.....

Il nous semble évident qu'il ne pourrait être pratiquement établi que par des commissions locales dont la loi réglerait la composition, et qui pourraient comprendre des conseillers municipaux, des délégués des syndicats ouvriers et patronaux et des chambres de commerce et des membres de l'enseignement.

Ce sont ces commissions qui arrêteraient les conditions dans lesquelles fonctionneraient les cours d'adolescents, les heures auxquelles ils devraient avoir lieu, et qui choisiraient dans un programme général dressé par les soins de l'administration centrale les parties qui constitueraient le programme particulier de la post-école locale.

En parlant ainsi, je me faisais, comme je vais le faire encore, en écrivant le présent rapport, l'écho des aspirations de nos camarades.

C'est bien, à peu près, tout l'esprit de la loi qui est contenu dans les quelques lignes ci-dessus, écrites il y a bientôt quatre ans.

Et cela suffirait à prouver que l'ensemble du personnel primaire est loin d'être hostile à l'établissement de l'enseignement post-scolaire, et qu'il en proclame, au contraire, l'absolue nécessité.

L'étude du projet de loi qui fait l'objet du présent rapport a donné lieu à de nombreuses critiques et soulevé une foule d'objections.

C'est que ceux qui ont rédigé le projet de loi sont restés, malgré eux, dans le domaine spéculatif. Logiquement, le projet est très bien. Il répond à un besoin, et il semble, à première vue, facilement applicable... à quelqu'un qui ignore ce qu'est l'instituteur, ce qu'est son travail et ce qu'est l'esprit des populations rurales.

Mais les A., elles, se sont placées à un autre point de vue. Elles ont examiné les possibilités de mise en œuvre. Chacun de ceux qui ont examiné le projet s'est demandé : Que ferai-je quand la loi sera votée ? A quel moment auront lieu les cours ? A quel moment ferai-je ma préparation ? De quel temps me faudra-t-il disposer pour assurer ce nouveau service ? Où le trouverai-je ? Et où trouverai-je, lorsqu'il me faudra faire un cours sur une matière qui n'est pas dans le programme des Ecoles primaires élémentaires, les éléments nécessaires à ma préparation personnelle ? A quelles difficultés de tout ordre, enfin, vais-je me heurter ?

C'est ainsi, en entrant absolument dans l'examen des conditions réelles dans lesquelles la loi sur l'Education des adolescents sera mise en pratique, que des objections nombreuses ont jailli sous la plume des rapporteurs.

Notre examen s'est fait par conséquent d'une façon absolument objective.

Mais nos critiques elles-mêmes n'ont qu'un but, celui de signaler au gouvernement les points sur lesquels le projet nous semble devoir être modifié, si l'on veut réellement faire une loi applicable.

L'obligation scolaire dans ses rapports avec l'Education des adolescents

L'avis unanime des instituteurs est que la première condition à réaliser pour arriver à un résultat tangible est de préparer l'Enseignement post-scolaire obligatoire par un Enseignement primaire véritablement obligatoire.

La manière dont l'obligation a été imposée, depuis plus de 35 ans qu'elle est inscrite dans la loi, donne le droit de redouter que les nouvelles dispositions relatives à l'obligation post-scolaire ne soient vouées au même sort.

Plus que n'importe qui, nous avons tous souffert de voir nos classes désertées sous le moindre prétexte, et même sans le moindre prétexte : tous, nous avons souffert, de voir les enfants livrés à eux-mêmes, vagabonder à travers les rues sous l'œil placide des parents qui les laissent faire; bien heureux encore quand les papas et les mamans ne déclarent pas bien haut, après avoir 10 ou 15 jours dans le mois retenu leurs rejetons à la maison sous le prétexte le plus futile ou les avoir laissés traîner leur désœuvrement dans la rue au grand dam des voisins, que le maître *est un « fégnant » qui ne s'occupe pas de ses élèves.*

Tous, également, nous avons conscience de l'inutilité de nos efforts pour assurer une fréquentation régulière.

Et nous ne pouvons retenir un sourire quand nous voyons, depuis le commencement de la guerre, de longues, éloquentes et pathétiques circulaires *où, en raison des circonstances et des besoins de l'agriculture, les autorités sont invitées à se montrer très larges au sujet des demandes de dispenses de fréquentation.*

Comme s'il s'en était jamais fait une seule ! comme si les parents avaient attendu la circulaire et l'autorisation ministérielles pour retirer leurs enfants de l'école afin de leur faire garder les vaches, les moutons, les porcs ou simplement les oies, ou bien, ce qui est pis encore, pour les placer, dès l'âge de 7 ans, comme petits bergers dans les fermes !

La loi du 28 mars 1882, jamais absolument appliquée, à ma connaissance, est aujourd'hui absolument désuète, en ce qui concerne l'obligation, et personne, pas plus les Préfets que les Maires, pas plus les commissions qu'elle avait organisées que les Instituteurs, ne cherche à la faire revivre.

Non, pas même les Instituteurs, car chaque fois qu'au début, ils s'en sont préoccupés, ils se sont heurtés à l'inertie de ceux qui auraient dû les aider, quand cela n'a pas été à leur hostilité.

Aussi, quand ils s'efforcent d'obtenir dans leurs classes une fréquentation régulière, c'est seulement dans l'intérêt de leurs élèves et parce qu'aussi, ils savent que c'est leur devoir d'éducateur ; mais je puis bien certifier qu'aucun d'eux ne pense à la loi du 28 mars 1882, sinon pour regretter que du haut en bas de l'échelle, on s'en désintéresse si complètement.

Si l'on veut que la loi sur l'enseignement post-scolaire obligatoire ait quelque chance de donner des résultats, il faudra d'abord, de toute nécessité, en revenir à une application énergique de la loi sur l'obligation scolaire.

Il y a à cela plusieurs raisons. D'abord l'enfant, de 6 à 13 ans, aura pris des habitudes de travail et de discipline qui, du fait qu'après avoir quitté l'école primaire, il y reviendra sans aucune interruption au titre d'adolescent, se perpétueront tout naturellement ; et il faut bien reconnaître que précisément ce sera une des grosses difficultés du début que de faire reprendre à des jeunes gens qui depuis 3 ou 4 ans, auront quitté l'école, ces habitudes de travail et de discipline qu'ils auront forcément perdues.

Ensuite, on pourrait espérer que si l'obligation scolaire cessait d'être un mot, les différences qui existent chez les jeunes gens au point de vue de leurs connaissances acquises à l'école s'atténueraient et on n'aurait plus à redouter de voir se présenter aux cours d'adolescents des illettrés coudoyant d'autres jeunes gens qui ont subi brillamment les épreuves du certificat d'études primaires.

Car là encore vont surgir des obstacles que n'ont pas prévu les auteurs de la loi.

Fréquenteront les cours d'adolescents : des illettrés, des jeunes gens sachant à peine lire et pas du tout écrire, d'autres sachant lire et écrire, mais ignorant les préceptes les plus élémentaires du calcul et de l'orthographe, d'autres un peu plus avancés, mais fort au-dessous de la force des épreuves du C. E. P. E., d'autres enfin qui ayant régulièrement suivi la classe de 6 à 13 ans, ont ce que l'on est convenu d'appeler une bonne instruction primaire élémentaire.

Que de divisions nécessaires, et que de travail ! Quelle dispersion d'efforts et quelle perte de temps !

Tandis que si la loi sur l'obligation eût été vraiment en vigueur, la plupart des enfants seraient à même de profiter réellement de l'enseignement post-scolaire ; et si les mêmes catégories existaient toujours (car elles resteraient fatalement, créées par la différence qui existe entre les intelligences), elles seraient beaucoup moins nombreuses et ne constitueraient plus un obstacle sérieux.

Il n'y a donc pas de temps à perdre pour ressusciter (le mot n'est pas trop fort, car elles sont bien mortes) les dispositions relatives à l'obligation contenues dans la loi du 28 mars 1882.

Le personnel primaire et le projet de loi

D'une façon générale, toutes les A. se félicitent de l'initiative ministérielle et reconnaissent que les préoccupations que révèle le dépôt du projet de loi sont amplement justifiées par les circonstances et la situation.

Mais si l'unanimité du personnel est absolument acquise à la pensée qui a guidé le gouvernement dans l'élaboration du projet d'organisation de l'éducation des adolescents, il s'en faut de beaucoup qu'elle se rallie aux modalités prévues par la loi ou à la façon dont on prétend pouvoir l'appliquer.

Nos associations dont la prévoyance avait depuis longtemps prévu la nécessité de l'enseignement post-scolaire, qui avaient proclamé le danger qui menaçait l'Etat et la pensée démocratique si la nation bornait à l'obligation scolaire jusqu'à 13 ans les devoirs de l'enfant en vue de la préparation de son avenir duquel dépend tout l'avenir de la société, sans renier leur cri d'alarme se sont quelque peu effrayées de la tâche à la fois ingrate et horriblement lourde qu'on veut nous imposer.

Aussi plusieurs d'entre elles, après avoir examiné le texte du projet, se sont bornées à déclarer que si au point de vue théorique, les prescriptions y comprises pouvaient se soutenir, elles s'écroulent comme un château de cartes lorsque l'on veut rechercher les moyens pratiques de passer à l'application.

Quelques-unes aussi ont fait remarquer que le personnel masculin manquera après la guerre.

Un bon nombre d'entre nous auront donné leur vie pour le pays, d'autres trouveront soit dans l'industrie, soit dans le commerce, soit dans l'armée, des situations plus indépendantes, mieux rétribuées et surtout moins fatigantes, même si le projet de loi n'aboutit pas ; et que sera-ce si on le met à exécution tel qu'il est présenté !!

Le recrutement deviendra de plus en plus difficile. Les situations à prendre seront légion, hélas ! à cause des vides causés par la guerre, à cause aussi du développement industriel et commercial qui suivra la signature de la paix et qui déjà se dessine, et elles seront presque toujours plus avantageuses que la carrière de l'enseignement, aussi bien au point de vue pécuniaire qu'au point de vue de la tranquillité.

Compte-t-on vraiment sur les femmes pour prendre la place des instituteurs devant les élèves des cours d'adolescents ?

Nous dirons ailleurs pourquoi nous ne le croyons pas possible.

J'indique seulement ici qu'il ne semble guère rationnel de charger une femme des cours de technique industrielle ou de l'enseignement pratique de l'agriculture.

Alors que beaucoup d'associations se sont élevées contre la pensée que pour simplifier le travail et rendre la loi plus facilement applicable, on pourrait faire des cours mixtes, d'autres ont demandé qu'au contraire l'enseignement des adolescents fut mixte toujours et partout.

Hum ! j'indique l'avis de ces dernières, mais je ne le partage point !

Sans compter que l'on donnerait aux ennemis de l'enseignement laïque le droit de crier au scandale, il me semble que ce serait aller bien bénévolement au-devant de difficultés que l'on peut éviter.

Que sur la demande des commissions locales, on puisse rendre mixtes les cours de telle ou telle commune, je n'ai aucune raison de m'y opposer, mais encore, à mon sens, ce ne serait ni à l'instituteur ni à l'institutrice à prendre l'initiative de proposer la mesure.

Ils risqueraient, s'ils agissaient autrement, de porter, devant l'opinion publique, la responsabilité des ACCIDENTS qui pourraient survenir.

S'ils ne sont pour rien dans la décision, au moins n'aura-t-on rien à leur reprocher.

Enfin, beaucoup des rapports qui me sont parvenus concluaient à la suppression absolue du secrétariat de mairie à l'instituteur.

Chargé à lui seul, ainsi que nous le verrons, 9 fois sur 10, de l'application intégrale de la loi, comment pourrait-il trouver encore le temps nécessaire à remplir cette fonction?

Il ne faut pas se dissimuler, cependant, que tout ne serait pas bénéfice à voir cette mesure se réaliser.

Et la fonction de **secrétaire** ou de **greffier** de la mairie, comme l'on dit dans quelques départements, si elle est souvent la cause de difficultés dont souffre l'instituteur, est encore plus souvent une cause de la considération dont il jouit dans la commune, et lui donne une importance qui oblige la population à compter avec lui.

Beaucoup, aussi, ont demandé que la mise en application du projet, même dans le cas où il serait voté, soit remise jusqu'au moment où nous aurons enfin retrouvé la paix.

Ces collègues ont considéré que, dans trop de postes encore, le titulaire est remplacé par une jeune intérimaire dont le prestige ne serait pas suffisant si elle avait à enseigner à des jeunes gens parfois aussi âgés qu'elle.

Quelques-unes enfin ont cherché ailleurs que dans la loi sur l'obligation post-scolaire, le moyen de donner satisfaction au souci légitime de relever le niveau intellectuel et professionnel du pays.

Elles pensent, (avec quelque apparence de raison, il faut bien le reconnaître), que la question de l'enseignement post-scolaire ne se poserait pas si l'obligation scolaire avait, dans le passé, été autre chose qu'un mot, et surtout si la limite de cette obligation, *réellement effective*, était repoussée jusqu'à 14 et même 15 ans, c'est-à-dire assez pour que les élèves aient le temps, pendant leur scolarité, de s'assimiler complètement le programme du Cours supérieur des écoles primaires.

Un certain nombre enfin ont estimé qu'il fallait profiter de cette occasion pour réviser et reformer complètement nos programmes.

Conçus pour des enfants qui, légalement, devraient fréquenter jusqu'à 13 ans seulement l'école qu'ils quitteraient alors pour n'y plus reparaître, ils comprenaient forcément des matières qui prenaient place, dès l'entrée de l'enfant à l'école, dans les préoccupations du maître, mais qui, lorsque l'école prolongée sera un fait accompli, pourront voir retarder le moment où on les abordera et se modifier les conditions dans lesquelles on les enseignera.

C'est à la fois logique et nécessaire.

Nous ne doutons pas que ceux qui n'ont jamais pénétré dans une classe d'enfants de 7 ou 8 ans, ne trouvent de sérieuses raisons pour s'opposer à des modifications semblables, et nous ne doutons pas qu'ils n'aient la victoire contre le gros, mais pratique bon sens.

Aussi, voudrais-je, et cela je ne l'ai trouvé dans aucun des rapports que j'ai lus, et c'est une idée personnelle, que tous ceux qui doivent faire partie des Commissions prévues par la loi, qui auront à surveiller l'instituteur et à lui fixer ses programmes, fussent tenus de mettre pendant 2 ou 3 ans la main à la pâte.

Cela leur ferait perdre peut-être bien des illusions, mais cela rendrait leurs décisions plus pratiques et ils éviteraient ainsi de ressembler à ces vieux célibataires endurcis qui se croient, eux qui ont toujours vécu éloignés des soucis de la famille et des à-coups de la vie commune, autorisés à donner, aux maris pour leur indiquer ce qu'ils ont à faire dans leur ménage afin d'être heureux, et aux pères de famille pour leur dire comment on élève ses enfants, des conseils que leur a suggérés ce qu'ils croient la logique, et qui vont à l'encontre de tout ce qui doit se faire réellement.

Ils parlent de choses qu'ils n'ont pas vécues, les uns comme les autres.

C'est pourquoi, au sujet des Commissions, nous avons demandé que dans toutes, l'enseignement primaire fut effectivement représenté, non pas seulement par les inspecteurs primaires, mais encore par des délégués directs du personnel enseignant.

Ceci dit, nous allons examiner la loi, article par article.

Le texte de la loi

TITRE PREMIER

L'OBLIGATION

ARTICLE PREMIER. — Lorsqu'ils ont satisfait à la loi du 28 mars 1882, les adolescents des deux sexes sont tenus de suivre les cours et exercices prescrits par la présente loi afin de perfectionner:

1° Leur éducation physique ;
2° Leur éducation professionnelle ou ménagère ;
3° Leur éducation générale.

Aucune A. n'a soulevé d'objections à cet article qui pose seulement le principe de l'éducation post-scolaire obligatoire.

※

Art. 2. — Pendant une première période qui, correspondant au préapprentissage et à l'apprentissage, s'étend, sauf exceptions prévues à l'article 4, jusqu'à dix-sept ans révolus, pour les garçons, jusqu'à seize ans révolus pour les filles, sont obligatoires :
1° des exercices physiques ;
2° des leçons de langue française, d'histoire et de géographie ;
3° des cours de sciences appliquées à l'agriculture, à l'industrie, au commerce, à l'art nautique ou à l'art de la ménagère, et accompagnés d'exercices pratiques ou de travaux manuels.
Ces cours et exercices sont groupés en séries, dont chacune correspond à une profession.
Dans chaque commune sont déclarées obligatoires par les commissions prévues au titre II, autant de séries de cours professionnels qu'il y a de corporations importantes.
Chaque adolescent a le choix entre les séries déclarées obligatoires dans la commune où il réside.

D'une façon générale, les A. ont envisagé le bloc des art. 2 et 5, surtout en ce qui concerne la durée de l'enseignement post-scolaire.

En droit, je n'ose dire en fait, la loi du 28 mars 1882 oblige les enfants à fréquenter régulièrement l'école de 6 à 13 ans.

Le projet de loi sur l'éducation des adolescents crée deux nouvelles périodes d'obligation scolaire, l'une de 13 à 17 ans (garçons) ou de 13 à 16 ans (filles), l'autre de 17 à 20 ans (garçons) ou de 16 à 18 ans (filles).

N'est-ce pas trop demander, pour les garçons surtout, si l'on pense que maintenant, c'est à 20 ans que légalement les jeunes gens sont appelés au service militaire ?

Presque toutes les A. ont envisagé la question au point de vue particulier des possibilités d'application de la loi, et nombreuses sont celles qui ont vu, dans des obligations aussi prolongées, une cause d'échec, ou tout au moins la cause de difficultés nombreuses.

A trop exiger, ne risque-t-on pas de ne rien obtenir, ou seulement de tout compromettre ?

Douze ans de scolarité effective, pour les garçons et pour les filles, m'a semblé être la moyenne à laquelle se sont arrêtées nos associations qui, généralement, ont fixé à 18 ans l'âge *maximum jusqu'auquel jeunes gens et jeunes filles seraient tenus de fréquenter les cours d'adolescents.*

Que pour les garçons, à partir de cet âge, restent obligatoires des exercices physiques ou de préparation militaire, on l'admet généralement comme nécessaire.

De sorte que, soit que nos collègues aient laissé subsister deux périodes, l'une allant de 13 à 16, et l'autre de 16 à 18, soit qu'ils aient demandé une période unique se terminant à 18 ans, estimant que les années successives formeraient forcément des divisions différentes et que l'on pourrait ainsi appliquer sans la moindre difficulté les programmes différents fixés par le projet de loi, il paraît bien que les limites de la scolarité obligatoire fixées à 20 ans pour les garçons ont paru excessives.

Plusieurs rapports, d'ailleurs, ont fait cette judicieuse remarque que rien n'indique dans le projet de loi, qu'il serait interdit de recevoir, après dix-huit ans, les jeunes gens qui désireraient continuer à suivre les cours et en feraient la demande.

Obligation jusqu'à 18 ans, liberté de fréquenter les cours aux élèves qui auraient le désir de continuer à s'instruire, telle est la formule qui me paraît résumer l'opinion des Amicales.

※

Art. 3. — La durée minimum des cours et exercices obligatoires est, pendant cette première période, de 300 heures par an, savoir :
Éducation générale : 50 heures.
Éducation professionnelle : 150 heures.
Éducation physique : 100 heures.
Les cours et exercices d'éducation générale et d'éducation professionnelle auront lieu pendant la journée légale de travail, mais les heures qui leur seront consacrées seront prises de préférence au commencement ou à la fin de la journée. En outre, des dérogations pourront être accordées par la commission départementale de l'enseignement post-scolaire.
Les exercices physiques auront lieu le dimanche.

Cet article, qui fixe la durée MINIMUM des cours à 300 heures par an pour la première période, considéré en même temps que l'article 6 qui fixe à 200 heures par an la même durée pour la seconde période, a soulevé de nombreuses critiques.

Les instituteurs et les institutrices, soucieux de ce que leur réserve l'avenir, ont examiné les textes d'une façon absolument objective.

Ils se sont demandés sur qui allait retomber le lourd fardeau qu'allait créer la mise en vigueur de la loi et tout bien considéré, pour des raisons qui seront exposées au fur et à mesure que le texte des articles le rendra nécessaire, ils ont constaté que c'est sur leurs propres épaules.

Leurs réponses se ressentent de cette constatation, que la lecture des articles 16 et 19 qui ne leur laissent aucun doute à cet égard, les a amenés à faire tout naturellement.

Aussi les protestations et les modifications proposées sont-elles nombreuses.

Les maîtres des écoles primaires se sont demandés où ils trouveraient le temps indispensable.

Ceux qui ont rédigé le texte de la loi voient la chose de trop loin pour la bien connaître ; ils se figurent sans doute, comme le commun des mortels, que les six heures de présence réglementaire à l'école constituent tout le travail du maître. Ils ignorent probablement que la préparation d'une classe est souvent longue et laborieuse, qu'en dehors du temps donné directement aux élèves, il y a encore les corrections de cahier, et que la plupart des instituteurs sont secrétaires de mairie.

Comptons : Classe ; service réglementaire ..... 6 h.
Surveillance des récréations. *En raison des enfants qui dînent à l'école, dans la majorité des campagnes, l'interclasse est tout entier soumis à la surveillance. Soyons larges et comptons 1/4 d'heure avant 8 heures et 1/2 heure avant 13 h...* 3/4
Préparation de la classe .... 1 h.
Correction des cahiers ou retenue .... 1 h.
Repas 1/2 h. par repas (ce n'est pas trop) 1 1/2
Secrétariat de la mairie 1 1/2

Total 11 3/4

Voilà déjà 11 h. de travail ininterrompu, sans le moindre repos.

Où l'Instituteur prendra-t-il le temps nécessaire, même en admettant qu'il ne donne aux adolescents que les cours d'éducation générale (soit 50 heures (1re période), plus 100 heures, seconde période, au total 150 h.) pour préparer ses cours et les exposer devant les élèves ?

Avec le désir manifeste de voir aboutir la réforme projetée, les A. ont recherché le moyen, pour l'instituteur, de participer effectivement à l'application du projet, mais aussi avec le légitime souci de ne pas le voir accablé par une besogne telle que, d'abord, l'enseignement à l'école du jour comme l'enseignement des adolescents seraient fatalement amenés à en souffrir et que, ensuite, sa santé n'y saurait résister.

Elles ont vu, d'autre part, des difficultés d'ordre pratique qui ont forcément échappé à ceux qui ont rédigé le texte.

Supposons la loi promulguée et appliquée. Va-t-on faire

une seule division des adolescents de 13 à 16 ans en ce qui concerne l'éducation professionnelle, et en ce qui concerne l'éducation générale fera-t-on *les mêmes cours aux illettrés, à ceux qui ont terminé leurs études à 10 ans, à ceux qui ont le C. E. P. E.*

Du coup, les heures de service s'allongent démesurément si chaque division doit avoir ses 150 heures au total. Et si le maître ne doit donner que 150 heures, de combien chacune disposera-t-elle ?

Il ne faut pas oublier, et je l'ai déjà signalé, que l'obligation scolaire n'a, jusqu'à aujourd'hui, jamais été un fait, et que les conséquences de cet état de choses vont avoir une lourde répercussion sur l'organisation de l'enseignement aux adolescents.

Quoi qu'il en soit, les A. se sont évertuées, chacune en considérant ce qui se passe dans son département, à chercher des modalités pratiques d'application.

Les unes ont simplement indiqué, d'une façon générale, leur appréciation sur le texte proposé en s'élevant contre la somme écrasante de travail imposée à l'instituteur ; les autres en faisant état de l'obligation où il se trouvera de faire des divisions répondant aux forces différentes des élèves.

D'autres ont indiqué les modifications qui, d'après elles, seraient nécessaires pour que la loi put entrer dans la pratique, sans que la surcharge de travail imposée au personnel primaire fut un obstacle insurmontable opposé à sa bonne volonté.

Quelques-unes ont demandé que les cours d'adolescents aient lieu, l'après-midi, aux heures de classe réglementaires, les enfants de l'école du jour étant rendus à leurs familles, ou occupés à des jeux ou à des promenades sous la direction d'un personnel auxiliaire.

D'autres ont demandé que seuls les cours d'éducation générale puissent être attribués à l'instituteur, ou qu'il soit fixé une limite déterminée des heures de cours à lui imposer.

Mais presque toutes ont témoigné la crainte que le surmenage qui résulterait de la mise en application du projet de loi tel qu'il est conçu ne soit au-dessus des forces physiques du personnel primaire.

Certaines A., enfin, ont vu avec un réel sentiment d'inquiétude que le dimanche lui-même était en partie consacré à l'éducation physique.

Je sais bien que la loi prévoit un personnel spécial. Mais où le trouvera-t-on dans les communes rurales. Et on sent parfaitement que l'on en viendra tout naturellement à cette réflexion : Tous les instituteurs soldats sont tenus d'accomplir, durant leur service militaire, un stage à l'école de Joinville. Ils sont donc parfaitement aptes à enseigner l'éducation physique.

De là à la leur imposer, il n'y a qu'un pas qui sera vite franchi.

C'est ainsi que quelques-unes ont été amenées à faire des réserves sur le fait que dans bien des cas, l'instituteur n'aurait plus même son dimanche à lui.

Enfin la profession d'instituteur est celle qui exige le plus d'efforts persévérants. Chacun de nous, sous peine d'être bientôt au-dessous de sa tâche, doit travailler d'une façon incessante à son instruction individuelle, se tenir au courant des découvertes et des idées. Il nous sera dès lors impossible, avec ce surcroît écrasant de labeur, de donner une heure à nos études personnelles. Je doute que l'on puisse s'en réjouir.

*
**

ART. 4. — Les adolescents qui auront reçu pendant trois années au moins un enseignement organisé conformément aux articles 2 et 3 de la présente loi pourront être, après examen, dispensés de suivre les cours et exercices de la première période.

Dans bien des rapports, on a fait allusion d'une façon plus ou moins directe à la latitude laissée aux adolescents, ayant subi l'examen prévu, de ne pas suivre, durant une année, les cours de la première période.

Il y a là, en effet, un danger. L'obligation va être une gêne évidente, et pour les patrons et pour les ouvriers. En admettant que tous se soumettent à la loi, n'est-il pas à craindre que la nécessité de reprendre le chemin de l'école après une interruption d'un an, ne donne lieu, de la part des uns et des autres, à une réelle résistance.

Pourquoi, en effet, cette interruption possible entre la première et la seconde période ?

Ne serait-il pas plus rationnel, si à 16 ans les jeunes gens ont prouvé, en subissant avec succès les épreuves voulues, qu'ils peuvent être dispensés des cours de la première période, ou en d'autres termes qu'ils sont aptes à suivre ceux de la seconde, de les faire inscrire immédiatement dans la catégorie supérieure ?

Cela paraît, en effet, bien plus judicieux.

*
**

ART. 5 — Pendant une seconde période, qui commence à dix-sept ans pour les garçons, à seize ans pour les filles, et qui s'étend, sauf exceptions prévues à l'article 7 de la présente loi, jusqu'à dix-huit ans révolus pour les jeunes filles, jusqu'à vingt ans révolus pour les jeunes gens, ou jusqu'au mariage s'il a lieu avant ces dates.

Sont obligatoires :
pour les jeunes gens :

1° Des exercices de langue française, des conférences d'histoire, de géographie, d'instruction civique, de droit usuel et d'économie politique ;

2° Des exercices de gymnastique, de tir et de préparation militaire;

pour les jeunes filles :

1° Des exercices de langue française, des conférences d'histoire, de géographie et d'économie domestique ;

2° Des travaux manuels, des leçons et exercices d'hygiène, de médecine usuelle et de puériculture.

(*Voir à l'art. 2*).

**

Art. 6. — La durée minimum des cours et exercices obligatoires est, pendant la seconde période, de 200 heures par an, savoir :
Education générale : 100 heures ;
Education physique (pour les garçons) ou ménagère (pour les filles) : 100 heures.

(*Voir à l'art. 3*).

**

Art. 7. — Les adolescents qui auront suivi pendant deux années au moins des cours et exercices organisés conformément aux articles 5 et 6 de la présente loi pourront être, après examen, dispensés de les suivre pendant une troisième année.

Pourquoi exiger des adolescents qui pourraient subir avec succès l'examen prévu par l'art. 7, deux ans au moins de fréquentation régulière des cours ?

S'ils sont suffisamment instruits, l'obligation ne paraît pas devoir s'imposer. Qu'ils aient le droit de suivre les cours, cela ne se doit pas discuter. S'ils en demandent l'autorisation et s'y rendent régulièrement, ce seront des recrues précieuses, qui serviront d'entraîneurs à toute la classe.

N'est-il pas à redouter, au contraire, si on les y oblige, de les transformer en *trublions*, comme dirait Rabelais ?

Et ne serait-il pas plus pratique de dire simplement : *Après examen, les adolescents pourront être dispensés de suivre les cours*, sauf toutefois les cours d'éducation physique et les cours de préparation militaire qui resteront toujours obligatoires ?

Le texte de l'art. 8 semble d'ailleurs justifier cette thèse, puisqu'il y est écrit que les jeunes gens qui auront quitté avant 18 ans les établissements dont les programmes s'élèvent au-dessus du niveau du Cours Supérieur des Ecoles primaires, devront suivre les cours ou subir les examens qui correspondent à leur âge.

**

Art. 8. — Seront considérés comme satisfaisant à l'obligation prescrite par la présente loi les élèves de toutes les écoles, publiques ou privées, dont les programmes s'élèvent au-dessus du niveau du cours supérieur des écoles primaires élémentaires, et où la scolarité se prolonge au delà de treize ans.

Toutefois, s'ils quittent ces écoles avant dix-huit ans révolus, ces jeunes gens devront suivre les cours ou subir les examens, prescrits par la présente loi, qui correspondent à leur âge.

Il semblerait juste d'étendre à tous la possibilité de jouir de la dispense de suivre les cours après avoir subi l'examen prévu à l'art. 7.

L'article 8 refuse ce bénéfice à ceux qui, n'ayant pas été élèves d'écoles primaires supérieures ou d'écoles privées de même force, auraient su trouver l'énergie et la volonté de s'instruire seuls.

Il y a là quelque chose à modifier.

Art. 9. — Sont dispensés de suivre les cours d'adolescents les jeunes gens et les jeunes filles que leur état physique ou mental, dûment constaté par certificat d'un médecin assermenté, met dans l'impossibilité d'en profiter.

Rien à dire aux dispositions de l'art. 9.

TITRE II
ORGANISATION GÉNÉRALE

Art. 10. — Il est institué dans chaque commune, sous la présidence du maire ou de son délégué, une commission locale de l'enseignement post-scolaire où siègent :

1° Un ou plusieurs conseillers municipaux, élus par leurs collègues ;
2° Un ou plusieurs délégués cantonaux, élus par leurs collègues ;
3° Un ou plusieurs membres de l'enseignement primaire public, désignés par l'inspecteur d'académie ;
et, s'il s'en trouve dans la localité :
4° Un ou plusieurs médecins, désignés par le maire ;
5° Un ou plusieurs représentants, désignés par les chefs de service départementaux, de chacune des administrations de l'agriculture, du commerce, de la guerre, de la marine et du travail ;
6° Un ou plusieurs représentants des sociétés agricoles, des chambres de commerce, des syndicats professionnels, des sociétés d'éducation physique ou de préparation militaire, des sociétés d'enseignement populaire et des associations d'anciens élèves. Ces membres sont choisis, par le maire, parmi les présidents des compagnies ou sociétés qu'ils doivent représenter.

Le nombre des membres de chaque catégorie, variable suivant l'importance de la commune, est fixé par le préfet sur la proposition de la commission départementale de l'enseignement post-scolaire.

Un décret déterminera la composition de la commission parisienne qui pourra être divisée en autant de sous-commissions que d'arrondissements.

Des commissions — De leur constitution De leurs attributions

La loi prévoit l'organisation de Commissions locales, de Commissions départementales et d'une Commission supérieure.

Le mode de constitution fixé par la loi en ce qui les concerne n'a pas été sans soulever quelque émotion.

Commission locale

L'article 10 dit : feront partie de la Commission locale... 3° un ou plusieurs membres de l'enseignement primaire public désignés par l'Inspecteur d'Académie.

Il est à croire que ces membres de l'enseignement primaire public seront toujours ceux qui résident dans la Commune où la Commission locale exercera ses pouvoirs. Mais rien ne l'indique d'une manière explicite.

Et si pour une raison ou pour une autre, il plaisait à un Inspecteur d'Académie de désigner l'un seulement des collègues exerçant dans la même commune, ou seulement l'un ou quelques-uns des maîtresses et des maîtres exerçant dans des communes qui auraient profité de la faculté que leur donne la loi de s'unir pour organiser en commun l'éducation post-scolaire, nous assisterions à cette singulière anomalie : des instituteurs se voyant tenus d'appliquer des programmes que des collègues auraient été appelés à discuter, sans avoir pu faire entendre leurs observations.

Et s'il plaisait à l'Inspecteur d'Académie de désigner un adjoint ou une adjointe sans désigner en même temps le directeur ou la directrice, la situation serait encore plus bizarre.

Il semble qu'en bonne justice, tous les membres du personnel primaire public qui *collaboreront* à l'enseignement post-scolaire doivent faire partie *de droit* de la Commission locale.

En fait, dans la Commission locale telle qu'elle est prévue, sur qui compte-t-on pour élaborer les programmes :

Sur les Maires, sur les conseillers municipaux ?

Il me sera bien permis de dire que dans les 99/100 des Communes (et je n'ai aucunement le désir de blesser les plus légitimes susceptibilités), ni les uns ni les autres n'ont été préparés à cette tâche et qu'ils en sont absolument incapables.

Sur les délégués cantonaux ?

Aucun d'entre nous n'ignore leur existence *légale*. Mais

combien en ont vu se préoccuper de remplir le rôle qui leur est dévolu par la loi. Sur mille délégués cantonaux, pas deux peut-être savent ce qu'ils ont à faire... ou s'en sont jamais préoccupés.

Je dois ici la vérité tout entière : eh bien, j'ai 35 ans de services, et dans ma carrière déjà longue, j'ai vu trois fois des délégués cantonaux dans la classe, une fois en 1878 (j'étais alors encore élève), une fois en 1912 et une fois en 1913.

Mais j'ai souvent entendu des collègues se plaindre d'avoir eu à compter avec eux.

Sur les médecins ?

Viendront-ils seulement à la Commission ? Et s'ils y viennent, se préoccuperont-ils d'apporter de réels efforts à l'organisation des programmes.

Sur les représentants des administrations diverses ?

Peut-être pourrait-on faire fond sur eux, mais quelle connaissance auront-ils des nécessités de l'enseignement ? Et où en trouvera-t-on pour constituer toutes les Commissions locales ?

Sur les représentants des sociétés ?

Peut-être encore, mais les deux mêmes questions se posent.

En fait, voici ce qui se passera dans la grosse majorité des communes rurales.

La Commission locale, fort laborieusement organisée, se réunira.

Tous les membres se regarderont en se demandant ce qu'ils ont à faire. On nommera l'instituteur présent secrétaire de la Commission et on lui dira : « Arrangez donc cela pour la prochaine réunion. » Et c'est encore lui seul qui aura tout le travail préparatoire à faire.

Mais une autre crainte se fait jour. La désignation par le maire : 1° des médecins, 2° des divers représentants des sociétés, ne lui donnera-t-elle pas une prépondérance dont il pourrait être porté à abuser.

On doute que l'activité des maires, dans certains départements de l'ouest, et dans de nombreuses communes d'autres départements, s'exerce toujours en faveur de l'enseignement post-scolaire public.

Certaines A. émettent des doutes qui paraissent légitimes sur la possibilité d'organiser tant de Commissions locales.

La faculté de réunion qui est laissée aux Communes, en vue d'une organisation collective de l'enseignement post-scolaire a suggéré à quelques Associations la pensée d'une Commission cantonale.

Enfin, on a remarqué que l'élément masculin est seul, ou à peu près, indiqué par la loi. Ce serait commettre une faute que de fixer les programmes en général, et plus particulièrement ceux d'éducation ménagère ou d'économie domestique, sans donner aux femmes le droit légal de prendre leur part de travail et de responsabilité. L'entrée des femmes dans les commissions locales (ou cantonales) s'impose.

*
* *

Art. 11. — La commission locale dresse la liste des séries de cours professionnels qui conformément à l'article 2 de la présente loi doivent être déclarées obligatoires dans la commune ; cette liste est arrêtée, par le préfet, en commission départementale.

La commission locale donne son avis sur toute question touchant à l'organisation et au fonctionnement des cours publics d'adolescents institués dans la commune : répartition des cours entre les diverses saisons de l'année ; établissement d'un horaire unique pour les cours et exercices relevant des divers ministères ; création de cours facultatifs ; adaptation des programmes aux besoins locaux ; acquisition d'outillage et de matériel ; choix du personnel auxiliaire ; collaboration des sociétés d'enseignement post-scolaire ; négociations avec les municipalités voisines pour la création de cours communs, etc. Elle laisse aux autorités compétentes l'inspection et la direction du personnel.

Elle s'assure que les cours privés d'adolescents sont organisés conformément aux prescriptions de la présente loi, et, dans le cas contraire, signale les infractions à la commission départementale.

Elle veille à la fréquentation des cours publics et privés, reçoit communication des listes d'absences, cite devant elle les intéressés, leur adresse des avertissements et les renvoie, s'il y a lieu, devant le tribunal de simple police, conformément aux dispositions des articles 33 et 35 ci-après :

L'art. 11, en fixant les attributions de la Commission locale, touche un des points les plus délicats.

C'est évidemment à elle que revient le soin de l'organisation matérielle des cours, et jusqu'à un certain point de la fixation des programmes locaux.

C'est pourquoi, il est bon, lorsque l'on choisira les membres qui la composeront, de prendre toutes les précautions nécessaires pour désigner des hommes à la fois capables et consciencieux.

Quelques-unes des attributions des Commissions locales semblent donc justifiées.

Me sera-t-il permis d'en critiquer quelques autres ?

Je ne reviendrai pas sur ce que je disais à l'art. 11 au sujet des programmes, qu'il s'agisse d'une élaboration ou d'une simple adaptation.

C'est l'instituteur (ou l'institutrice) qui fera la besogne dans la majorité des cas.

Mais la Commission a le choix du personnel auxiliaire.

C'est gros de conséquences. Dans certaines communes où l'enseignement laïque est loin d'avoir la faveur des autorités, la Commission locale ne pourra-t-elle pas imposer à nos collègues de l'enseignement public des collaborateurs dont le premier soin sera de soulever des conflits.

Je n'insiste pas sur ce point pour le moment. J'y reviendrai au sujet des locaux, mais il est évident que, pour beaucoup de nos collègues qui exercent dans des communes réactionnaires, ce sera une nouvelle source d'ennuis et de difficultés.

Elle s'assure, dit la loi, que les cours privés d'adolescents sont organisés conformément aux prescriptions de la présente loi, et dans le cas contraire, signale les infractions à la Commission départementale.

Ainsi, elle n'a aucun droit ni à l'inspection ni à la direction du personnel des cours publics (voir fin du 2ᵉ alinéa). Mais elle a le devoir de surveiller les cours privés ! Logique au moins bizarre.

Et dans pas mal de localités, on fera ainsi surveiller les cours privés par ceux-là mêmes qui les auront organisés et qui leur fourniront les subsides.

On peut compter sur l'exactitude de leurs rapports autant que sur leur impartialité !

Quant à les voir, dans ces cas qui seront plus nombreux qu'on ne semble le croire en haut lieu, signaler les infractions à la Commission départementale, il ne faut pas s'y attendre.

Enfin, la loi donne à la Commission locale le devoir de « VEILLER A LA FRÉQUENTATION DES COURS PUBLICS ET PRIVÉS » et de réprimer « *par des avertissements* » et au besoin par le « RENVOI DEVANT LE TRIBUNAL DE SIMPLE POLICE » les désobéissances qui pourraient avoir lieu.

Ici, le sentiment des A., éclairées par ce qui, depuis 1882, se passe dans les Commissions scolaires au sujet de l'obligation, est absolument unanime. IL NE FAUT PAS COMPTER SUR LES COMMISSIONS LOCALES POUR ASSURER LA FRÉQUENTATION.

Elles n'en auront ni la possibilité, ni la volonté, et en eussent-elles la possibilité et la volonté qu'elles n'en auraient pas l'énergie.

Que l'on confie le soin des répressions à qui l'on voudra : à la Commission départementale, à l'autorité académique, au juge de paix, à l'Inspecteur primaire, mais qu'on ne demande pas aux élus de frapper leurs électeurs, ou aux habitants d'un village de sévir contre leurs amis ou leurs voisins.

Commission départementale

Art. 12. — Il est institué, dans chaque département, sous la présidence du préfet, assisté de l'inspecteur d'académie, une commission départementale de l'enseignement post-scolaire où siègent :

1° Quatre membres du conseil général, élus par leurs collègues ;

2° Un représentant de chacun des services départementaux intéressés (le directeur des services agricoles, un inspecteur de l'enseignement technique, un officier désigné par le général commandant la région, un inspecteur primaire, un inspecteur du travail, et, dans les départements côtiers, un fonctionnaire de l'administration de la marine) ;

3° Un membre, élu par ses collègues, de chacun des conseils ou comités départementaux de l'enseignement agricole, de l'enseignement technique, de l'enseignement primaire et de l'hygiène publique ;

4° Un représentant désigné par le préfet, de chacune des catégories suivantes : sociétés agricoles, chambres de commerce, syndicats professionnels, commissions d'apprentissage, sociétés d'éducation physique ou de préparation militaire, sociétés d'enseignement populaire.

Un décret fixera pour la Seine la composition de la commission départementale de l'enseignement post-scolaire.

D'une façon générale les A. sont d'avis que l'enseignement primaire, qui assurera effectivement la plus grande partie du travail créé par l'organisation de l'enseignement post-scolaire, n'a pas dans la composition prévue de la Commission départementale un nombre suffisant de représentants.

En effet, un inspecteur primaire seulement sera présent pour indiquer ce qui sera ou ne sera pas applicable en pratique et défendre les intérêts du personnel.

Sera-t-il toujours suffisamment documenté ?

Le 3ᵉ paragraphe dit bien : « *Un membre, élu par ses collègues, des conseils ou comités départementaux..... de l'enseignement primaire* », mais rien n'indique que ce délégué du Conseil départemental de l'enseignement primaire sera nécessairement un instituteur ou une institutrice.

Il semble cependant que les intérêts du personnel primaire auront besoin d'être sérieusement défendus.

La Commission départementale délibère sur toutes les propositions des Commissions locales, et il est à prévoir qu'il sera bon que, parmi ceux qui seront appelés à en prendre connaissance et à les discuter, il y ait quelqu'un qui puisse, par expérience, savoir comment se passent réellement les choses.

A les juger de trop loin, on les juge quelquefois avec trop de logique pour les juger avec toute l'équité désirable.

Toujours est-il que le souci de voir un nombre suffisant

d'instituteurs, d'institutrices, d'inspecteurs primaires, en un mot, de représentants du personnel primaire faire partie de la Commission départementale, a été celui d'un grand nombre d'Associations.

On s'est quelque peu étonné que les A. ne soient pas nommément désignées au paragraphe 4.

Peut-être n'ont-elles pas encore l'existence suffisamment légale !!!

Les sociétés agricoles, les chambres de commerce, les syndicats professionnels, les commissions d'apprentissage, les sociétés d'éducation physique ou de préparation militaire, les sociétés d'enseignement populaire auront chacune un de leurs membres présent à la Commission départementale, mais les A. des Institutrices et des Instituteurs qui, eux, feront toute ou à peu près toute la besogne, qui seront la cheville ouvrière des Commissions locales, qui assureront au moins tout le service de l'éducation générale quand ils n'assureront pas complètement le service, ne pourront pas y faire entendre leur voix.

Aussi sont-elles à peu près unanimes dans leurs revendications.

Elles demandent que plusieurs inspecteurs primaires sinon tous les inspecteurs primaires du département au moins un instituteur ou une institutrice délégués au Conseil départemental, sinon les 4 représentants du personnel, et un ou deux délégués de chacune des associations professionnelles du département fassent partie de droit de la Commission.

Lorsque ceux qui doivent faire la besogne sont absents, ceux qui la distribuent ont trop beau jeu pour les accabler.

**

Art. 13. — La commission départementale donne son avis sur la composition des commissions locales et, une fois ces assemblées constituées, inscrit à leur ordre du jour toute question qu'il lui paraît utile de soulever. Elle délibère sur toutes leurs propositions.

Le préfet statue, sauf appel des intéressés, devant la commission supérieure et le ministre.

Aucune observation.

Commission supérieure

Art. 14. — Il est institué, sous la présidence du ministre de l'instruction publique, une commission supérieure de l'enseignement post-scolaire, où siègent :

1° Un représentant de chacun des ministres de l'agriculture, du commerce, de la guerre, de l'instruction publique, de l'intérieur, de la marine et du travail ;

2° Un membre, élu par ses collègues, de chacun des conseils supérieurs de l'agriculture, de l'enseignement technique, de la guerre, de l'hygiène publique, de l'instruction publique, de la marine marchande et du travail ;

3° Deux représentants, désignés par les ministres compétents, de chacune des catégories suivantes : sociétés agricoles, chambres de commerce, syndicats professionnels, sociétés d'éducation physique et de préparation militaire, sociétés d'enseignement populaire.

De même qu'en ce qui concerne la Commission départementale, l'universelle préoccupation du personnel primaire a été d'ouvrir les portes de la Commission supérieure à quelques-uns de ses représentants.

La Commission supérieure (voir art. 13) élabore l'organisation générale des cours d'adolescents, leurs programmes généraux, les règlements des examens qui les sanctionnent.

Nul ne doute des qualités professionnelles de chacun de ceux qui seront désignés pour faire partie de cette Commission et ne songe à nier leur compétence.

Mais combien d'entre eux connaissent le milieu dans lequel les cours seront organisés, combien d'entre eux savent exactement ce qu'est le niveau intellectuel des campagnes.

Il ne suffit pas de tracer les grandes lignes d'une organisation, ce qui est toujours facile quand on ne tient compte d'aucune des difficultés d'ordre matériel auxquelles on se heurtera dans la pratique, il faut encore faire quelque chose de réalisable ; il ne suffit pas d'élaborer de magnifiques programmes bien complets et bien tassés, donnant au premier coup d'œil l'impression d'un ensemble parfait, il faut encore faire des programmes applicables ; il ne suffit pas enfin, d'arrêter les conditions des examens qui sanctionneront les études des adolescents, il faut, avant de les fixer, savoir ce que peuvent faire les jeunes gens qui sont appelés à les subir, et ne pas en élever le niveau de telle façon que, seule, une élite puisse y accéder ou l'abaisser de façon à supprimer tout effort.

Il a semblé aux instituteurs et aux institutrices que la présence de quelques membres du personnel primaire aux délibérations de la Commission supérieure ne pourrait qu'avoir d'heureuses conséquences.

Quelques inspecteurs primaires n'y seraient pas de trop, mais il faudrait aussi que nous y fussions directement représentés.

Or, les instituteurs et les institutrices sont groupés aujourd'hui en associations professionnelles et ces groupements, Amicales ou Syndicats, sont réunis en Fédérations dont les bureaux ont leurs sièges à Paris.

L'énorme majorité des A. ne l'ont pas oublié, et elles sont presque unanimes à demander que les instituteurs et institutrices primaires soient représentés à la Commission supérieure par 2 ou 4 collègues *désignés ou élus par le Bureau fédéral ou par la Commission permanente.*

Mais, hélas, comme je le disais plus haut, nos Associations n'ont, sans doute, pas encore une existence suffisamment légale.

Et puis, quelle figure feraient les Aliborons au milieu de cette docte assemblée ?

Ils y joueraient cependant le rôle nécessaire de la porte ouverte par laquelle pénètreraient jusqu'au sein de la Commission les desiderata du personnel, les observations pratiques, les renseignements exacts et cela pourrait éviter bien des fautes et des tâtonnements.

Ajoutons que quelques A. ont demandé que la Fédération des Syndicats soit également représentée à la Commission supérieure.

Ces préoccupations des Associations sont justifiées car une chose saute aux yeux lorsqu'on lit l'article 14.

A la lecture du texte, on constate que presque tous les membres de la Commission seront par leurs fonctions ou par leurs origines de l'enseignement secondaire et supérieur, dont la loi ne prévoit pas même la collaboration, mais que l'enseignement primaire, qui en supportera tout le fardeau, n'y est même pas régulièrement représenté.

*
* *

Art. 15. — La commission supérieure donne son avis sur toute affaire pour laquelle les intéressés font appel au ministre des décisions prises par les préfets.

Elle élabore l'organisation générale des cours d'adolescents, leurs programmes généraux, les règlements des examens qui les sanctionnent. Ses projets, en cette matière, sont transmis au ministre qui statue, après avoir pris, s'il y a lieu, l'avis du conseil supérieur de l'instruction publique.

Aucune observation n'a été faite au sujet du texte de cet article.

TITRE III

COURS PUBLICS

Art. 16. — L'éducation générale est assurée aux adolescents, par les soins du ministère de l'instruction publique, dans les écoles primaires élémentaires et supérieures.

L'éducation agricole est donnée dans les établissements énumérés aux articles 20, 25 et 39 de la loi sur l'enseignement professionnel public de l'agriculture, et, à leur défaut, dans les écoles primaires (élémentaires ou supérieures) des communes rurales.

L'éducation industrielle et commerciale est donnée dans les établissements énumérés au titre V de la loi sur l'enseignement technique et, à leur défaut, dans les écoles primaires (élémentaires ou supérieures) des communes urbaines.

L'éducation nautique est donnée dans les écoles de pêche agréées par le ministère de la marine et dans les écoles primaires (élémentaires et supérieures) des départements maritimes.

L'éducation physique est donnée dans les établissements désignés par une loi régissant spécialement la matière.

L'éducation ménagère est donnée aux jeunes filles dans les écoles primaires élémentaires et supérieures.

Tous les cours d'adolescents donnés dans les écoles publiques ont lieu en dehors des heures de classe habituelles.

Cet article mérite une attention particulière.

Sauf pour ce qui a trait à l'éducation physique qui sera donnée *dans les établissements désignés par une loi régissant spécialement la matière*, tous les autres enseignements : l'éducation agricole, l'éducation industrielle et commerciale, l'éducation ménagère sont donnés *dans des établissements indiqués dans le texte* ou A LEUR DÉFAUT DANS LES ÉCOLES PRIMAIRES (ÉLÉMENTAIRES ET SUPÉRIEURES).

Mais comme dans 25.000 communes, au moins, on ne trouvera aucun des *établissements indiqués dans le texte*, qu'on n'y trouvera pas davantage d'école primaire supérieure, tous les enseignements, même celui qui se rapporte à l'éducation physique (*on peut être sûr que l'école primaire, élémentaire sera encore indiquée par la loi qui régira spécialement la matière pour servir*, A DÉFAUT D'AUTRE CHOSE, *à l'éducation physique*), auront lieu à l'école primaire élémentaire.

C'est donc, *au minimum* (art. 3 et 6) 500 heures supplémentaires d'occupation des locaux, soit près de 2 heures par jour. Or, l'école primaire les occupe, dans la majorité des campagnes (*soit en raison de l'existence de cantines scolaires, soit en raison des élèves dont le domicile est trop éloigné et qui dînent à l'école*) de 7 heures 1/2 du matin à 16 heures 1/2.

Ici, je veux seulement faire remarquer que si le véritable repos de ceux qui professent est le silence et la tranquillité, c'en est fait du repos de l'instituteur, ne prendrait-il pas part à l'enseignement post-scolaire.

Bruit et surveillance continuels : voilà ce qui l'attend, sans compter les ennuis de toutes sortes.

Il faudra que les élèves de l'école du jour aient soin, chaque soir, d'emporter tout ce qui leur appartient ; il faudra que chaque matin l'instituteur passe la revue du matériel pour s'assurer que rien n'en a été distrait ou détérioré ; il faudra que même après les cours dans lesquels il ne professera pas, il joue le rôle de concierge et ferme les portes ; il faudra probablement qu'il s'impose d'autres corvées encore qui n'apparaîtront qu'à l'usage.

L'enseignement post-scolaire établi ainsi d'une façon permanente à l'école même, c'est l'entrée légale dans les locaux scolaires du personnel auxiliaire qui ne sera pas toujours animé de sentiments favorables à l'instituteur et à l'école laïque.

Rien de tout cela n'a échappé aux A. qui, à l'envi, ont signalé sous mille formes différentes, les inconvénients multiples de cette intrusion d'étrangers dans les locaux scolaires, où ils pourront apporter tout autre chose qu'un esprit de conciliation.

∗

Art. 17. — Les communes auront la faculté de transférer dans des bâtiments spécialement construits à cet effet par leurs soins, les cours d'adolescents institués dans les écoles publiques conformément à l'article précédent.

Elles seront tenues, si la place fait défaut dans les écoles, de fournir d'autres locaux pour assurer le fonctionnement des séries de cours déclarés obligatoires par la commission départementale.

Autant que possible, on réservera aux cours d'adolescents, dans les écoles publiques, des salles spéciales munies d'une bibliothèque et d'un mobilier appropriés à l'âge des auditeurs et aux besoins de l'enseignement post-scolaire.

Quand des locaux seront spécialement construits ou spécialement aménagés, dans une école publique pour les cours d'adolescents, l'État participera aux frais de construction et aux frais d'aménagement dans la proportion fixée par l'article 8 (tableau A) de la loi du 20 juin 1885, modifiée par la loi du 27 février 1912.

A partir de la promulgation de la présente loi, aucun devis pour construction d'école ne sera approuvé s'il ne prévoit les locaux et le mobilier nécessaires aux cours d'adolescents ou si la preuve n'est pas fournie que des locaux spéciaux et suffisants sont affectés à ces cours.

Il est évident que si le pouvoir central exigeait des Communes la création de locaux spéciaux avec matériel spécial destinés à l'éducation des adolescents, l'une des plus grandes difficultés matérielles qui font obstacle à une organisation pratique de l'enseignement post-scolaire aurait disparu. Mais alors, il faudrait dire, au début de l'article, non pas *les Communes auront la faculté de transférer dans des bâtiments, etc.*, mais *les Communes sont tenues d'organiser dans des locaux spécialement destinés à cet effet, etc.*

∗

Art. 18. — L'enseignement post-scolaire est gratuit.

Les fournitures classiques et les matières nécessaires à l'exécution des travaux manuels dans les cours publics d'adolescents sont distribuées gratuitement par les municipalités. Les frais d'entretien, de nettoyage, de chauffage et d'éclairage occasionnés par ces cours constituent également, pour les communes, une dépense obligatoire.

L'art. 18, généralement accepté dans son ensemble, a donné lieu à peu d'observations.

Deux remarques seulement ont été faites :

1° On pourrait prévoir pour l'enseignement des adolescents un budget spécial, conçu dans le même esprit que le budget du service vicinal.

2° Il ne pourra être réclamé aucun impôt, dit « droit d'inscription », comme cela s'est fait dans certaines villes pour l'entrée dans les écoles supérieures et professionnelles.

☆

Art. 19. — Dans les cours publics d'adolescents, l'éducation générale est donnée :

1° Par les maîtres des écoles primaires élémentaires et supérieures ;

2° Par le personnel des sociétés d'enseignement post-scolaire, agréées par le préfet sur la proposition de la commission départementale, à la condition que ce personnel soit muni des titres énumérés à l'article 20.

L'éducation agricole est donnée par les professeurs et instituteurs désignés à l'article 22 de la loi sur l'enseignement professionnel public de l'agriculture, et, à leur défaut, par les maîtres des écoles primaires (élémentaires ou supérieures) des communes rurales.

L'éducation technique industrielle et commerciale est donnée par le personnel désigné au titre V de la loi sur l'enseignement technique, et, à son défaut, par les maîtres des écoles primaires (élémentaires et supérieures) des communes urbaines.

L'éducation nautique est donnée par le personnel des écoles de pêche agréées par le ministère de la marine et par les maîtres des écoles primaires (élémentaires et supérieures) des départements maritimes.

L'éducation physique est confiée au personnel désigné par une loi régissant spécialement la matière.

L'éducation ménagère est donnée aux jeunes filles par les maîtresses des écoles primaires élémentaires et supérieures.

Il résulte du texte de cet article que les maîtresses et les maîtres des écoles primaires élémentaires, *à défaut d'autre personnel*, donneront les cours d'éducation générale, les cours d'enseignement agricole, les cours d'éducation technique industrielle et commerciale, les cours d'éducation nautique dans les départements maritimes, les cours d'éducation ménagère..., et comme je le faisais prévoir plus haut, les cours d'éducation physique.

Je ne reviendrai pas sur la question TEMPS que j'ai examinée au cours des observations sur l'art. 3. J'insisterai seulement sur cette question qui se pose d'elle-même.

Quelle machine humaine pourrait résister au surmenage intellectuel imposé à l'instituteur ? Quels poumons et quelle gorge pourraient sans faiblir permettre de donner huit heures consécutives d'enseignement par jour pendant 9 mois de l'année ? Quelle santé ne serait pas altérée par un travail aussi continu et aussi fatigant ?

Ce n'est pas la 1/2 heure dont on parle de nous faire grâce sur l'école du jour qui nous donnera la possibilité d'assurer le service de l'enseignement des adolescents.

Mais il y a une autre objection qui n'est pas moins importante.

Le personnel de l'école primaire est-il préparé pour donner convenablement tous ces enseignements nouveaux ?

Il faudrait être un Pic de la Mirandole pour pouvoir, du jour au lendemain traiter indifféremment des questions agricoles, commerciales, industrielles, nautiques, etc.

Ce n'est pas à nous, les Aliborons, que l'on peut appliquer la devise du fameux savant italien, et *les primaires*, dont on méprise si souverainement l'esprit et les facultés dans un certain monde, n'ont pas acquis, en subissant avec succès les épreuves du brevet supérieur ou du brevet simple, la possibilité de discuter *De omni re scibili... et quibusdam aliis*, suivant l'addition humoristique de Voltaire.

Si on lui donne des manuels élémentaires, bien faits, l'instituteur et l'institutrice mettront à leur nouvelle tâche la conscience qu'ils apportent toujours à l'accomplissement de leur devoir, mais il faut que l'on sache bien, en haut lieu, que ces cours pour lesquels rien ne les a préparés nécessiteront un long, pénible et minutieux travail de mise au point.

Encore une fois, où le personnel primaire trouvera-t-il le temps, la force et les connaissances nécessaires ?

La difficulté ne peut pas se résoudre, comme Courteline raconte qu'elle se résout à la caserne :

« L'homme de chambre, un coup de balai. — Caporal, y a pas de balai. — M'en f... Il faut que la chambre soit balayée. Me f'rez 4 jours. »

Je suppose que personne ne dira de même : « Instituteur, vous allez faire un cours de technique industrielle. — Mais je n'ai jamais étudié ces questions. — Cela ne me regarde pas, il faut que le cours se fasse. Si vous refusez, ne vous en prenez qu'à vous-même des conséquences de votre mauvaise volonté. »

Une peine disciplinaire appliquée en l'occurence ne rendrait pas plus l'instituteur capable de donner un enseignement pour lequel il n'a pas été préparé que les 4 jours de salle de police, si élégamment donnés au troupier, n'apportent à la chambrée le balai qui lui manque.

Imposer délibérément au personnel primaire une tâche qu'il ne peut remplir *ex-abrupto* c'est, révérence parler, mettre la charrue devant les bœufs.

Avant toute chose, il faudrait établir des programmes, les développer dans des manuels qui seraient mis à sa disposition et prévoir le temps qui lui sera nécessaire à la préparation des cours.

Entre le texte de la loi et son application, il y a toute l'énorme distance qui sépare la théorie pure de l'application pratique.

Les A. ne s'y sont point trompées et elles ont réclamé pour nos collègues une limitation légale et du temps de service exigible, et du nombre d'élèves par classe.

***

ART. 20. — Pour toute espèce d'enseignement post-scolaire, un personnel auxiliaire peut être désigné par le préfet, en commission départementale, sur la proposition des commissions locales.
Les maîtres auxiliaires doivent posséder soit le brevet élémentaire, soit le certificat d'études primaires supérieures, soit le certificat d'études pratiques, soit un diplôme de l'enseignement secondaire ou de l'enseignement supérieur. Les maîtres auxiliaires d'éducation nautique sont dispensés de ces titres s'ils possèdent le brevet de capitaine au long cours ou de capitaine au cabotage. Les maîtres auxiliaires d'éducation professionnelle sont dispensés de tout titre s'ils se bornent à diriger des exercices pratiques. Les conditions que doivent remplir les maîtres d'éducation physique sont fixées par la loi spéciale régissant la matière.

Qui seront et que seront les maîtres auxiliaires qui donneront leur concours à l'éducation des adolescents ?

C'est la question qu'a soulevée un peu partout le texte de l'art. 20.

Pour l'instituteur et pour l'école du jour, elle perdrait beaucoup de son importance si l'enseignement post-scolaire, conformément au vœu général du personnel, était donné en dehors de l'école.

Pour la République, elle resterait tout entière.

Il est évident, comme je le faisais remarquer à l'article 11, que si les maîtres auxiliaires qui viennent faire leurs cours aux adolescents sont animés de sentiments hostiles à l'école laïque en général, ou seulement à l'instituteur ou à l'institutrice, il leur sera loisible de leur créer toutes sortes d'ennuis.

Et, d'autre part, ils pourront, de par leur situation, porter le plus grand tort à l'idée démocratique.

Le fait qu'ils seront proposés par les Commissions locales, lesquelles composées (voir art. 10 et 11) par des personnes presque uniquement désignées et choisies par le Maire, ne rassurera pas nos collègues qui exercent dans le Morbihan, la Loire-Inférieure et dans bon nombre de communes qui n'appartiennent pas à ces départements.

Ce leur sera plutôt un sujet d'inquiétude.

Et plus d'un instituteur, et plus d'une institutrice envisage avec angoisse la venue du jour où tel des ennemis avérés de l'école laïque aura légalement le droit, muni d'une nomination régulière, d'entrer dans les locaux scolaires.

Les Associations du personnel se sont toutes rencontrées à ce sujet. Elles voient là une source de conflits possible.

Aussi demandent-elles des garanties relatives au choix des maîtres auxiliaires, soit que l'on spécifie que l'avis de l'instituteur sera nécessaire *si les cours ont lieu dans les locaux scolaires*, soit que la nomination des intéressés n'ait lieu qu'après une enquête sérieuse sur la moralité, la capacité et le loyalisme des candidats, soit, enfin, que l'unanimité de la Commission soit requise pour que la nomination puisse avoir un effet régulier.

ART. 21. — Les institutrices et instituteurs publics doivent consacrer à l'éducation des adolescents au moins 150 heures par an.

Mais les classes destinées aux enfants des écoles primaires élémentaires seront réduites d'une demi-heure par jour et les grandes vacances auront une durée de deux mois.

Lorsque les nécessités de l'enseignement post-scolaire, constatées par la commission départementale, obligeront l'inspecteur d'académie à attribuer à un instituteur ou à une institutrice plus de 200 heures de service par an, ce maître recevra une indemnité non soumise à retenue, de 100 fr. ; de 200 fr. pour 250 heures et ainsi de suite à raison de 100 fr. pour 50 heures supplémentaires. Dans ce compte n'entrent pas les cours spécialement rétribués par divers départements ministériels (agriculture, commerce, guerre, marine, etc.).

Les maîtres des écoles primaires supérieures seront rétribués, pour les heures consacrées, sous l'autorité du ministre de l'instruction publique, à l'éducation des adolescents, si elles dépassent leur maximum réglementaire, au taux habituel des heures supplémentaires.

Les maîtres auxiliaires sont soit bénévoles, soit rétribués par des sociétés d'enseignement populaire, soit rétribués par les municipalités.

L'article 21 est peut-être, avec les articles 3 et 6, celui qui a soulevé le plus de récriminations.

Le 1ᵉʳ alinéa fixe à 150 heures la contribution obligatoire des instituteurs et institutrices publics à l'éducation des adolescents.

Le second, en spécifiant immédiatement que les écoles primaires élémentaires seront réduites de trente minutes chaque jour et que les grandes vacances auront une durée de deux mois, semble vouloir fixer ainsi une rémunération du travail imposé.

Eh bien, je le dis bien haut, le personnel tout entier s'élève énergiquement contre cette méthode qui consiste à solder par des congés un supplément de besogne, méthode qui, depuis l'organisation des œuvres post-scolaires, paraît être celle du ministère de l'Instruction publique.

On croirait vraiment qu'on assimile les institutrices et les instituteurs primaires aux enfants qu'ils instruisent et pour lesquels l'appât d'un jour de congé est capable de suggérer de réels efforts.

Que l'on me permette de proclamer que la mentalité primaire n'est point aussi enfantine. Et dans bien des rapports on sent l'indignation gonfler les cœurs de ceux qui les écrivent en discutant ce point particulier.

Que l'on nous impose un travail, cela, à la rigueur, se peut discuter, mais que l'on ait l'air de penser : « Afin qu'ils ne protestent pas, nous allons leur jeter à la tête quelques jours de congé et cela suffira », il n'est pas un de nous qui n'en soit outré.

Pense-t-on vraiment que 15 jours de congé ajoutés aux grandes vacances empêcheront l'instituteur et l'institutrice de s'épuiser au cours de 9 mois de surmenage intensif ?

C'est à croire que l'on a rédigé le texte de la loi sans avoir pris les moindres renseignements sur le temps dont disposent les maîtres et maîtresses primaires.

Je suis d'autant plus à l'aise pour défendre nos intérêts, pour dire ce que tous nous pensons de cette manière de faire, que je suis désintéressé, ou à peu près, en l'affaire.

L'heure de la retraite va sonner pour moi et il est probable que, quelle que soit la rapidité avec laquelle on étudie, on discute et on vote le projet de loi, j'aurai quitté les cadres de l'enseignement lorsque la loi sera mise en application.

On ne peut donc me soupçonner de plaider *pro domo*, et mes observations absolument sincères, ne sont pas moins désintéressées.

Ceci dit, revenons aux 150 heures en question. Ces 150 heures sont les 50 heures d'éducation générale (art. 3) que doivent suivre les adolescents de la 1ʳᵉ période et les 100 heures (art. 6) de la 2ᵉ période.

Cela ressort, d'ailleurs de la lecture de l'art. 19, qui indique que les cours d'éducation générale seront donnés par les instituteurs et institutrices publics.

Pour ces 150 heures de cours, on nous donne trente minutes par jour. Sur 200 jours de classe par an, cela fait 100 heures récupérées.

Il resterait donc 50 heures qui trouveraient leur équivalence dans les 15 jours de congé supplémentaires ajoutés aux grandes vacances.

Ces 15 jours, dont de successives décisions ministérielles, depuis le début de la guerre ont fait bénéficier toutes les écoles, étaient précédemment attribués à celles et à ceux d'entre nous qui déjà se préoccupaient de faire de l'enseignement post-scolaire (cours d'adultes, tir, etc) ou qui s'imposaient la charge d'organiser des études gratuites au profit de tous les élèves de leurs classes, c'est-à-dire aux 4/5, sinon aux 9/10 du personnel.

J'entends bien le raisonnement que l'on peut faire : Toutes les œuvres post-scolaires préexistantes disparaîtront forcément lors de la mise en application du projet de loi. A dater du jour où l'enseignement des adolescents sera régulièrement organisé, *tous* les instituteurs et *toutes* les institutrices participeront à la post-école, et la loi, en indiquant que 15 jours supplémentaires seraient ajoutés aux grandes vacances n'a fait que consacrer une habitude prise.

A première vue, cela paraît juste en effet. Mais il faut descendre au fond des choses.

Dans les cours d'adultes que nous organisons nous faisons exactement ce que nous faisons dans nos classes. L'unique différence entre notre classe du jour et notre classe du soir, c'est que, au cours de celle-ci, nous éliminons tout ce qui, dans notre enseignement du jour, n'est pas d'une utilité aussi immédiate qu'incontestable.

En préparant la classe que nous devons faire à nos élèves de 6 à 13 ans, nous consacrons 5 ou 10 minutes à rechercher quelles notions nous allons enseigner le soir à nos jeunes gens et comment nous nous y prendrons pour les leur faire assimiler en aussi peu de temps que possible.

Mais ces cours, nous les recommençons chaque année, nous les possédons dans tous leurs détails, nous nous sommes heurtés, durant notre carrière, à toutes les difficultés et si elles se représentent à nouveau nous savons comment nous y prendre pour les vaincre.

En fait, leur préparation n'est ni longue ni laborieuse.

Et puis nous avons pour élèves 8, 10, 12, 20, mettons 40 élèves, suivant les localités. Comme nul n'est forcé de venir au cours d'adultes, seuls ceux qui ont le désir de s'instruire s'y présentent, et la discipline y est facile comme le travail y est agréable.

D'autre part, le cours d'adultes dure généralement 3 ou 4 mois, à raison de 3 ou 4 heures au plus par semaine, ce qui fait un maximum de 64 heures de travail.

Mettons qu'avec la préparation des cours cela monte à 80 heures et comparons.

« Parfaitement, dira-t-on, on vous donnait ces 15 jours de vacances pour 80 heures de travail, on vous les donne maintenant pour 50 heures.

— Pardon, répondrais-je, pour 50 heures de cours. Vous avez donné 100 heures prises sur la classe de jour, pour 100 autres heures de cours également ; malheureusement, dans tout cela, il n'est pas question de préparation. »

J'estime, et je crois, en effet, être ici le fidèle écho du sentiment général, en disant que la préparation des 150 heures de cours sera plus longue et plus laborieuse que les cours eux-mêmes. Oserait-on dire vraiment que l'on ne demandera pas plus aux cours d'adolescents que l'on n'a demandé aux cours d'adultes ?

Ce ne serait pas la peine, en vérité, de risquer de révolutionner le pays et d'épuiser le personnel primaire.

Je ne crois pas en conscience que l'on puisse se tirer d'affaire à moins de 300 heures de travail par an.

Et que sera la discipline, et par conséquent la tension d'esprit, l'énervement et la fatigue, avec les jeunes gens qui viendront *parce qu'ils y seront obligés*. De 13 à 20 ans, cela fait 7 années ; exactement comme de 6 à 13. Et nous aurons au moins autant d'élèves que le jour si tous obéissent à la loi.

Je ne vois pas la tâche facile, et 15 jours de congé ne me paraissent pas susceptibles de la faire accepter de gaîté de cœur par le personnel.

Et si on lui impose 199 heures de cours, ainsi que la loi en donne le droit, comme nous allons le voir plus loin, à l'Inspecteur d'Académie, il n'aura aucun droit de réclamer.

Cela fera, de bon compte, 400 heures de travail rémunérées par 100 heures prises sur la classe du jour et 15 jours de vacances.

Lorsque les nécessités de l'enseignement post-scolaire, constatées par la Commission départementale, obligeront l'Inspecteur d'Académie à attribuer à un instituteur ou à une institutrice plus de 200 heures de travail...

Arrêtons-nous ici !

Que sont devenues les 50 heures qui séparent les 150 heures légalement imposées à l'instituteur et les 200 heures dont il s'agit ?

Est-ce à dire qu'elles pourront être *attribuées* GRATUITEMENT à l'instituteur.

Cela ferait de bon compte 49 heures de travail — à l'œil dirait un poilu. Avec autant de préparation (et probablement beaucoup plus, car il s'agirait de cours tout nouveaux pour l'instituteur) cela lui apporterait 98 heures au moins de labeur sans la moindre rétribution.

Vraiment, cela paraît si abusif, si injuste, si arbitraire que je ne puis croire qu'il n'y ait pas là simplement une inattention des auteurs du projet de loi, ou une coquille du typographe qui a composé la copie.

Disposer ainsi du temps et de la volonté d'un individu, serait-il fonctionnaire, nous ramènerait de plusieurs siècles en arrière.

Autre question : l'Inspecteur d'Académie aura donc un pouvoir discrétionnaire tel, vis-à-vis de ses subordonnés, qu'il pourra leur imposer plus de 200 heures de travail supplémentaire ?

Aura-t-il aussi celui de faire que pour eux les jours aient 48 heures, qu'ils n'aient besoin ni de sommeil ni de repos, qu'ils soient réfractaires à toute maladie, qu'ils ne sentent plus le besoin de donner quelques instants à leur famille ? etc., etc.

150 heures de cours d'éducation générale, plus de 50 heures de cours spéciaux : vous nous comblez, vraiment !

Ah ! oui, c'est vrai, vous nous donnez 15 jours de congé dont nous jouissons déjà pour un travail vingt fois moins absorbant et cent fois moins pénible !

Eh bien ! cela n'est pas suffisant, et avant toute chose, il faut que nous soyons fixés sur le sort de ces 50 heures qui passent, nul ne peut deviner où.

3ᵉ Question : L'instituteur sera-t-il donc dans la situation de se voir imposer brusquement, et du jour au lendemain, des cours spéciaux que rien ne l'aura préparé à donner.

Car, enfin, il faut tenir compte des compétences.

Si d'aucuns peuvent faire bonne figure à la chaire lorsqu'il s'agit d'un cours de géométrie ou de dessin industriel, il en est d'autres qui ne pourraient, du jour au lendemain, se tirer d'affaire honorablement.

« Ils se mettront à hauteur de leur tâche. »

Évidemment. Les instituteurs tiendront à honneur de ne pas être inférieurs à la réputation du corps enseignant, et ces ex-antipatriotes, ces maîtres de l'école boche, qui ont si bien, au front, démontré l'inanité des accusations malveillantes dont ils ont été l'objet sans avoir pu arriver à déraciner les haines de leurs contempteurs, n'hésiteront pas à se mettre à l'œuvre pour donner à la Patrie l'effort qu'elle leur demande.

Il faudrait cependant qu'on leur permit de réunir les éléments qui leur font actuellement défaut en leur donnant le temps et les moyens d'acquérir les connaissances nécessaires, et qu'on leur payât leur travail.

Il faudrait aussi qu'on ne leur donnât pas une telle quantité de besogne qu'ils se voient, malgré eux, dans l'obligation de s'en mal acquitter.

C'est alors que les ennemis de la laïque exulteraient et crieraient *au sabotage volontaire* des prescriptions ministérielles.

4° Pourquoi ce fractionnement en périodes indivisibles de 50 heures ?

Rien ne l'explique. Une heure de travail, quelle que soit la place où elle se trouve, qu'elle soit la 10e ou la 39e dans une série de 50 heures est aussi laborieuse, aussi fatigante à passer au cours, aussi longue à préparer que la 50e.

Cependant cette dernière seule donnera, au point de vue de la rémunération, de la valeur à celles qui la précèdent.

Il y a là quelque chose de singulier et de singulièrement anormal.

D'autant plus qu'immédiatement il est dit que les maîtres des Ecoles primaires supérieures *seront rétribués*, eux, *pour toutes les heures qui dépasseront leur maximum réglementaire au taux habituel des heures supplémentaires.*

Pourquoi deux poids et deux mesures ? Pour justifier sans doute le proverbe : *Toujours au pauvre, la besace !*

Comment, les maîtres des Ecoles primaires supérieures qui sont capables, sans un long travail préparatoire, de donner les cours dont il s'agit, puisqu'ils vont se trouver, vis-à-vis des classes d'adolescents dans la situation où nous sommes nous-mêmes, ainsi que je l'exposais plus haut, vis-à-vis de nos classes d'adultes, seront rétribués pour toutes les heures supplémentaires, tandis que nous serons exposés, nous, à donner gratuitement 49 heures de cours, et à ne voir notre travail rémunéré que si nous arrivons à donner 50 heures.

On conviendra qu'une telle décision ne semble pas empreinte d'une profonde équité.

Et puis aussi, pourquoi 2 taux différents ? Pourquoi un

prix pour les maîtres des écoles supérieures et un autre pour les instituteurs ?

Mais, dira-t-on, les études plus complètes des maîtres des E. P. S. les mettront à même de faire des cours plus profitables ; d'ailleurs la valeur acquise du maître doit trouver sa répercussion dans la façon dont il est payé.

Sans doute ; et nous ne songeons pas à nous élever contre cette proposition. Que le traitement des maîtres des E. P. S. soit supérieur à celui des instituteurs primaires, nous sommes les premiers à le reconnaître logique et nécessaire, qu'il soit alloué une prime aux titres dont ils disposent, que, *dans leur service*, s'ils font des heures supplémentaires, elles leur soient payées à un taux rémunérateur, c'est parfait, et nous n'aurons jamais la pensée de protester à ce sujet.

Mais que, pour le même service, dans la même salle, pour les mêmes élèves, en suivant les mêmes programmes, il y ait deux prix différents pour l'heure de cours, cela paraît vraiment étrange.

Les Associations n'ont pas manqué de s'élever contre toutes ces dispositions qui ont paru contraires à la dignité et à l'intérêt du personnel.

Presque unanimement, elles demandent que toutes les heures supplémentaires soient payées quel que soit ce nombre.

Quelques-unes résolvent la question en demandant que le tarif proposé soit porté à 3 ou 4 francs par heure.

D'autres, en très grand nombre réclament l'établissement d'un traitement fixe annuel (généralement 500 fr.).

D'autres enfin cherchent à trouver, aux dépens de l'école du jour, le temps nécessaire à l'enseignement des adolescents, soit en retranchant une heure au lieu d'une demi-heure chaque jour, soit en consacrant aux classes des jeunes gens une ou deux après-midis par semaine.

Probablement, se disent-elles, 1° d'abord que c'est le seul moyen pour l'instituteur de ne pas succomber à la tâche, 2° que c'est le seul mode pratique de ne pas grever le budget.

Quoi qu'il en soit, la proposition écrite au projet, relative à cette suppression de trente minutes à toutes les classes du soir a paru au moins bizarre suivant de si près la réforme de l'examen du C. E. P. E.

C'est précisément au moment où l'on ajoute au programme de l'examen des matières nouvelles que l'on rogne sur nos heures d'enseignement.

Où trouverons-nous le temps de tout faire ?

Que l'on considère ce que l'on apprend à un enfant en

6 ans à l'école primaire et que l'on dise si l'instituteur a du temps de trop.

Aussi de nombreuses Associations, principalement celles qui ont proposé de réduire davantage le temps consacré à l'école du jour, mais beaucoup d'autres aussi, ont demandé que l'on fît subir aux programmes une réduction sur quelques points.

Et la raison qu'on en donne généralement ne manque ni de justesse ni d'à-propos.

Il est certaines matières que nous commençions forcément trop tôt : telles, disent les uns, l'histoire et l'instruction civique ; telles, disent les autres, la morale, par exemple.

Le temps nous poussait.

Mais ne pourrait-on reculer jusqu'à 9 ou 10 ans le commencement de l'étude de ces matières. L'enfant, plus apte à les comprendre, se les assimilerait mieux, et puisqu'elles sont au programme des adolescents, le jeune homme aura toujours le temps de les étudier et de les approfondir.

Je demande pardon de cette digression au sujet des programmes de l'école primaire élémentaire, mais elle m'était en quelque sorte imposée par les circonstances et le texte du projet et aussi par le fait que de nombreuses A. avaient envisagé la question.

**

ART. 22. — Pour tous les cours et exercices prescrits par la présente loi, la responsabilité civile de l'Etat est substituée à celle que peuvent encourir par application des articles 1382, 1383 et 1384 du code civil les membres de l'enseignement public, sauf en cas de faute lourde de ces derniers.

L'article est nécessaire, mais peut-être faudrait-il profiter de la discussion de la loi pour bien définir ce qu'est la faute lourde.

Il me semble qu'à ce sujet, il n'existe rien de précis et que c'est le tribunal qui, d'après ses propres lumières, juge si, oui ou non, il y a faute lourde.

Nous ne mettons pas en doute l'impartialité ni la conscience professionnelle des juges, mais il nous paraît que la situation serait beaucoup plus claire, — et aussi les appréciations des tribunaux moins diverses, — si on avait déterminé nettement en quoi consiste cette faute lourde.

**

ART. 23. — Les maîtres de l'enseignement primaire public qui font des cours ou dirigent des exercices prévus par les lois de l'enseignement de l'agriculture, sur l'enseignement technique, sur la préparation militaire, relèvent, pour tout ce qui concerne ces cours et exercices, des autorités légalement proposées à leur inspection.

Les autres cours d'adolescents font partie de leur service normal et sont donnés exclusivement sous le contrôle et sous la direction des autorités académiques.

Il n'est guère possible de critiquer les dispositions de cet article : à des enseignements spéciaux, des inspecteurs spécialisés et par conséquent qualifiés pour juger de la façon dont sont faits les cours, pour indiquer les réformes à faire dans les programmes, pour donner des conseils éclairés aux maîtres des adolescents ; c'est très bien.

Une remarque, cependant, en passant : on ne trouve pas que l'inspecteur primaire soit suffisamment documenté pour inspecter les cours d'agriculture, les classes d'enseignement technique (industriel et commercial), ni la préparation militaire.

Nous ne critiquons pas, bien loin de là, nous constatons, et nous reconnaissons qu'en effet l'auteur du projet a raison.

Mais nous nous demandons comment il a été amené à refuser à nos chefs directs la compétence nécessaire pour assurer l'inspection de ces divers cours, alors qu'il a jugé que leurs subordonnés avaient la compétence nécessaire pour en assumer la responsabilité.

En somme, l'instituteur qui dépend déjà de tant de choses, dépendra encore du ministère de l'Agriculture, du ministère du Commerce, de celui de la Guerre, et dans les départements maritimes de celui de la marine.

Le pauvre !!!

*
**

ART. 24. — La visite des cours d'adolescents devant imposer aux inspecteurs de l'enseignement primaire des dépenses supplémentaires, le taux de leurs frais de tournée sera porté de 10 à 12 fr. pour un déplacement de vingt-quatre heures. Il sera de 5 fr. pour tout déplacement de moindre durée hors du chef-lieu de la circonscription. En outre, les frais de transport seront remboursés.

Nous n'avons rien à dire de cet article qui ne concerne pas directement l'instituteur primaire.

TITRE IV
COURS PRIVÉS

ART. 25. — L'obligation imposée par la présente loi peut être remplie dans des établissements privés.

Les cours privés d'adolescents sont soumis aux lois qui régissent l'enseignement primaire privé, notamment à la loi du 30 octobre 1886. Toutefois, le personnel enseignant pourra posséder, à défaut du brevet de capacité, l'un des titres énumérés au paragraphe 2 de l'article 20 de la présente loi. En outre, des maîtres auxiliaires dépourvus de tout titre pourront être employés à la condition qu'ils soient agréés par la commission départementale et que leurs fonctions consistent exclusivement à diriger des exercices professionnels. Les conditions que doivent remplir les maîtres d'éducation physique seront fixées par la loi spéciale régissant cette matière.

Les cours professionnels privés sont soumis à la loi sur l'enseignement technique.

Les sociétés de préparation militaire sont soumises à la loi sur la préparation militaire des jeunes Français.

Plusieurs amicales ont réclamé la suppression pure et simple de l'article 25 et de l'article 26. Elles demandent que l'Etat s'assure le monopole de l'enseignement des adolescents, se basant sur ce fait que les établissements privés auront des ressources supérieures à celles de l'enseignement public et que, les bailleurs de fonds, généralement riches particuliers ou gros industriels sauront trouver pour les élèves qui les fréquenteront des avantages tels que ce sera la mort sans phrase des cours publics d'adolescents.

La grosse majorité des Associations ne va pas jusqu'au monopole. Mais elle exprime nettement le désir de voir sauvegardés par la loi même les intérêts de l'Etat et les intérêts des jeunes gens.

Presque tous les rapporteurs sont d'accord pour demander que les cours privés d'adolescents ne puissent se soustraire au contrôle de l'Etat.

Je vois bien que l'article 25 dit que *les cours privés d'adolescents sont soumis aux lois qui régissent l'enseignement primaire privé, notamment à la loi du 30 octobre 1886.*

Or, c'est la loi du 30 octobre 1886 qui a remplacé la loi Falloux, mais en a gardé les principales dispositions en ce qui concerne l'enseignement privé.

Les inspecteurs ont bien le droit de pénétrer dans les établissements privés, mais seulement pour s'assurer qu'il ne s'y enseigne rien de contraire à la morale ou à la constitution.

Contrôle absolument illusoire !

L'art. 35 de la loi du 30 octobre 1886 dispose que les chefs d'école primaire privée sont absolument libres du choix de leurs méthodes, de leurs programmes et de leurs livres, réserve faite pour ceux qui auraient été interdits par le Conseil supérieur de l'Instruction publique.

Ecoutez M. Orain, directeur de l'école de Notre-Dame-des-Aydes, à Blois, répondre à M. Ribot : « *L'inspection diminuerait la liberté. Je ne vois pas l'utilité d'une inspection de notre enseignement du moment que nous avons des professeurs auxquels vous avez reconnu une capacité suf-*

fisante. *L'Inspecteur qui examinera* LES LIVRES *n'y verra jamais rien contre la morale et la Constitution.* »

Et M. Havret, directeur d'externat, rue de Madrid, à Paris : « *Supposez que nous ayons quelque chose à cacher, nous n'irions pas le dire juste au moment où l'Inspecteur serait là.* »

Parbleu ! Mais s'il en est ainsi en ce qui concerne l'enseignement scolaire ordinaire, pourquoi en serait-il autrement en ce qui concerne l'enseignement post-scolaire qu'il s'agit d'organiser.

Les garanties apportées à l'Etat par la loi du 30 octobre 1886, nous paraissent bien fragiles, et si c'est là tout ce qu'ose prévoir la nouvelle loi, elles resteront bien insuffisantes.

Et si c'est de cette inspection qu'entend parler l'art. 26, quand il dit que : *Pourront recevoir des subventions, les collectivités qui ayant établi des cours d'adolescents accepteront l'inspection des autorités scolaires*, les collectivités ne risqueront rien de s'y soumettre.

Elle ne les gênera pas et les autorisera à participer aux libéralités du gouvernement.

Nous ne désespérons pas, d'ailleurs, de voir, quelques années après l'organisation de l'enseignement post-scolaire, la plus grosse part des subventions nationales prendre la direction de la caisse *des collectivités qui auront accepté l'inspection des autorités scolaires.*

※

ART. 26. — Pourront recevoir des subventions de l'Etat, des départements et des communes :

1° Les collectivités qui, ayant organisé des cours d'adolescents, accepteront l'inspection des autorités scolaires ;

2° Les sociétés d'enseignement post-scolaire qui, agréées par le préfet sur la proposition de la commission départementale, organiseront des cours d'adolescents dans des écoles publiques désignées par l'inspecteur d'académie, ou prêteront aux cours publics tout ou partie de leur personnel, de leurs locaux et de leur matériel d'enseignement.

L'Etat fournissant des subsides à l'enseignement privé : c'est ce qui résulte du paragraphe 1ᵉʳ de cet article. On peut être assuré que pour avoir les subventions de l'Etat, des départements et des communes, les trois quarts des *collectivités qui auront organisé des cours d'adolescents*, surtout celles qui les auront organisés dans le but bien arrêté de faire pièce à l'enseignement laïque, accepteront l'inspection des autorités scolaires !

Elles risqueront si peu !

En sera-t-il donc, d'ailleurs, qui pourront réunir, aux

fins de perfectionner l'instruction et l'éducation des jeunes gens, un certain nombre d'élèves, c'est-à-dire fonder *une école* d'adolescents, sans que l'Etat puisse s'assurer si les cours sont contraires à la morale ou à la constitution ?

Ce serait alors la liberté absolue, plus absolue même que n'avait osé la donner aux écoles privées, la loi Falloux elle-même, si absolue que M. de Montalembert, le grand ouvrier de l'emprise cléricale sur l'école, n'aurait osé la réclamer.

Cela ressort cependant du paragraphe 1 de l'art. 26.

Puisque, en effet, les collectivités qui, ayant organisé des cours d'adolescents et ACCEPTERONT l'inspection des autorités scolaires POURRONT RECEVOIR DES SUBVENTIONS, c'est qu'il en est d'autres qui *ne pourront recevoir des subventions* précisément parce qu'elles n'accepteront pas l'inspection des autorités scolaires.

La faculté laissée aux communes et aux départements, même à l'Etat, de verser des subventions aux cours privés, est une disposition absolument contraire à l'intérêt même de l'enseignement public des adolescents.

Dans certaines communes (demandez à nos collègues du Morbihan, de la Loire-Inférieure, etc.) les subventions des communes, iront toutes, iront entièrement aux *collectivités*. Et Dieu sait quelles elles seront !

Les subventions départementales, plus discrètement peut-être (il faut au moins sauver la face) suivront le même chemin. Allez donc résister aux assauts répétés de tant de sénateurs, députés et conseillers généraux bien pensants. Les préfets céderont. Pour être préfet, on n'en est pas moins homme !

Et quelques subventions de l'Etat suivront le même chemin.

Ce qu'il faudrait, c'est que tous les établissements privés fussent légalement soumis à l'inspection, à toutes les inspections ;

qu'aucun établissement privé ne pût être subventionné, directement ou indirectement, ni par la commune, ni par le département, ni par l'Etat ;

enfin, que seules puissent être subventionnées les *collectivités* dont l'action concourra au développement de l'enseignement post-scolaire public.

TITRE V

MESURE D'EXÉCUTION

Art. 27. — Tout enfant soumis à l'obligation scolaire recevra du maire de sa résidence, au moment où il sera inscrit sur la liste prévue par l'article 8 de la loi du 28 mars 1882, un livret scolaire où seront mentionnées chaque mois ses absences, chaque année ses notes. Seront signalés également ses changements de résidence ou d'école ; et les résultats des examens qu'il aura subis.

Pendant la durée de l'année scolaire, tout agent de la force publique peut réclamer à tout enfant soumis par son âge apparent à la loi du 28 mars 1882 son livret scolaire, et, si depuis plus d'un mois ce livret n'a pas été visé, conduire l'enfant à l'école où il est inscrit. Si l'enfant n'a pas de livret ou ne fréquente aucune école, il est conduit immédiatement à l'école publique la plus rapprochée de sa résidence où il est inscrit d'office, à moins que ses parents n'aient signifié leur intention de le faire instruire chez eux.

L'institution du livret scolaire, et du livret post-scolaire prévue par l'art. 31 ci-après est généralement, très généralement approuvée. Quelques A. cependant, sans s'élever absolument contre ce moyen de contrôle, émettent des doutes sur l'excellence des résultats que l'on en espère. Tout dépendra, selon elles, de l'énergie avec laquelle la loi sera appliquée.

Chacun a remarqué, d'ailleurs, que le second alinéa semble laisser aux agents de la force publique le soin de décider s'ils doivent ou non réclamer à un enfant son livret scolaire.

L'agent *peut* lui demander à le voir : il n'y est pas tenu. Est-ce bien suffisant ?

Autre observation : Les enfants de 6 à 13 ans seront donc obligatoirement tenus d'avoir continuellement sur eux leur livret scolaire ?

Cela semble résulter du texte de la loi, puisqu'ils *peuvent* être appelés à le présenter à toute réquisition d'un agent de la force publique.

Nous ne croyons pas la chose possible.

Combien seraient perdus, détruits ou réduits à l'état le plus lamentable. D'autre part, il est spécifié que cette constatation de la régularité de la situation au point de vue scolaire d'un enfant pourra être faite *pendant toute la durée de l'année scolaire*, sans distinction ni réserve.

Eh quoi ! même en dehors des heures de classe ou de cours, même les jeudis et les dimanches, tous ceux qui de par leur *âge apparent* peuvent être soumis à la loi scolaire seront susceptibles d'être arrêtés en rue pour justifier de leur fréquentation régulière ?

C'est trop. Et les agents, devant l'immensité de la tâche, profitant de la liberté à eux octroyée, s'en désintéresseront.

Enfin, puisque les agents *peuvent*, c'est-à-dire qu'ils ont le droit sans en avoir le devoir, s'assurer qu'un enfant fréquente régulièrement l'école, n'est-il pas à craindre que certains maires ne leur donnent le conseil, voire même l'ordre de s'abstenir.

Nous voudrions voir écrit dans la loi que les agents de la force publique sont étroitement tenus de demander à tout enfant trouvé dans la rue qu'il rencontre, *non pas tous les jours et à toute heure*, MAIS SEULEMENT LES JOURS D'ÉCOLE ET AUX HEURES DE CLASSE, pourquoi il n'est pas où il devrait être, quelle école il fréquente ordinairement, pourquoi il est absent, de s'assurer de l'exactitude de ses déclarations et de dresser procès-verbal s'il y a lieu. Cela simplifierait de beaucoup la besogne des agents qui, en procédant ainsi, s'adresseraient presque à coup sûr à un délinquant, manquant l'école sans raison ou à un réfractaire qui ne serait inscrit nulle part.

Les listes d'absences prévues par la loi suffiraient, d'ailleurs, à signaler ceux qui fréquentent irrégulièrement.

**

ART. 28. — Lorsque l'enfant a satisfait à la loi sur l'obligation scolaire, son livret est déposé à la mairie de sa résidence.

Sur le vu des livrets, le maire dresse chaque année, avant le 15 août, la liste des jeunes gens nouvellement soumis à l'obligation post-scolaire. Cette liste est affichée à la porte de la mairie en même temps que le tableau des séries de cours déclarées obligatoires dans la commune.

Cet article n'est que la reproduction en ce qui concerne l'obligation post-scolaire de l'art. 8 de la loi du 28 mars 1882.

Il y a, hélas, longtemps que ce dernier est désuet.

Nous souhaitons de tout cœur qu'il revive et que l'art. 28 ci-dessus n'en ait pas le sort.

**

ART. 29. — Les parents, tuteurs et personnes responsables des jeunes gens inscrits sur la liste prévue ci-dessus, doivent, avant le 31 août, faire savoir au maire :

Si ces jeunes gens sont dispensés de suivre les cours d'adolescents en vertu de l'article 8 ou de l'article 9 de la présente loi ;

Sinon, à quelle série de cours ils désirent les inscrire et dans quels établissements.

A défaut de cette déclaration, le maire, quinze jours avant l'ouverture des cours, inscrit d'office les jeunes gens dans un établissement public et choisit pour eux la série de cours correspondant à la profession de leurs parents ou tuteurs. Il en avertit ces derniers.

Rien à dire de cet article qui n'est comme le précédent qu'une adaptation des dispositions de la loi du 28 mars 1882 à l'enseignement post-scolaire (art. 8).

**

ART. 30. — Huit jours avant l'ouverture des cours, le maire adresse aux directeurs des établissements publics et privés la liste des adolescents qui doivent suivre leur cours. Il joint à son envoi, pour leur être remis, les livrets scolaires de ces jeunes gens.

Même observation que pour les articles 28 et 29 (art. 8 de la loi du 28 mars 1882).

※

Art. 31. — Pendant la durée des cours d'adolescents, tout agent de la force publique, requis ou non par les autorités scolaires, peut réclamer aux jeunes gens soumis par leur âge apparent à la présente loi leur livret scolaire ; si depuis plus d'un mois ce livret n'a pas été visé, dresser un procès-verbal qu'il transmet à la commission locale de l'enseignement post-scolaire.

Rien à ajouter à propos du livret post-scolaire et de l'anodine invitation aux agents de la force publique de s'assurer de la fréquentation régulière des cours par les adolescents, à ce que nous avons dit quant au livret scolaire (voir l'art. 27).

※

Art. 32. — Chaque mois, les directeurs de cours (publics ou privés) d'adolescents inscrivent sur les livrets scolaires le nombre des absences et transmettent à la commission locale un relevé de ces absences, avec l'indication des motifs invoqués.

Comme les art. 28, 29, 30, cet article est tout entier inspiré par un article (l'art 12), de la loi de 1882.

Donnera-t-il le même résultat négatif ?

En tout cas, la bonne volonté et l'énergie des Commissions locales laissent sceptique le personnel enseignant, du moins ceux d'entre nous qui ont vu à l'œuvre les Commissions scolaires.

D'une façon générale, nous ne croyons pas que l'on puisse compter sur elles, aussi peu que ce soit, pour assurer l'application de la loi.

Mieux vaudrait transmettre les listes au Juge de paix directement, dès qu'une récidive se produira, ou à la Commission départementale qui statuerait sur les motifs d'absence invoqués et transmettrait au Juge de paix de chaque canton la liste des délinquants à déférer au tribunal de simple police.

Ce serait une lourde charge pour la Commission départementale, sans doute, mais qui veut la fin, veut les moyens.

Quant à demander à un maire de sévir contre ses électeurs, aux membres des commissions locales de sévir contre leurs voisins, leurs amis et leurs parents, quelquefois contre eux-mêmes, à titre de pères de famille ou de patrons, à l'instituteur, membre de la Commission locale de s'attirer, d'abord en produisant les listes des délinquants, ensuite en votant à la Commission locale pour qu'à récidive ils soient déférés au tribunal de simple police, le rôle de bouc-émissaire (*car c'est sur lui que tout retombera*) il nous semble que c'est exiger des hommes *une bien âpre vertu*.

Nous sommes donc absolument unanimes à mettre en doute l'efficacité de l'action des Commissions locales.

*
* *

Art. 33. — Lorsqu'une infraction à la présente loi aura été constatée, la commission locale citera devant elle l'intéressé, son père (ou tuteur) et, s'il y a lieu, son patron.

S'il a moins de seize ans, elle adressera à la personne responsable un avertissement ; en cas de récidive, elle la déférera au tribunal de simple police, en vue de l'application d'amende allant, pour chaque infraction, de 5 à 15 fr.

S'il a plus de seize ans, il lui sera fait à lui-même application des dispositions qui précèdent, dans le cas où la responsabilité des tiers ne saurait être engagée.

C'est l'art. 15 de la loi du 28 mars 1882, modifié en vue de l'enseignement post-scolaire.

Le rôle de la Commission locale est ici nettement déterminé. Nous ne reviendrons pas sur les raisons qui, selon la majorité des Amicales, nous paraissent lui enlever, non pas le pouvoir, mais la volonté d'agir.

Les mêmes dispositions ont été prises par la loi du 28 mars 1882 en ce qui concerne les Commissions scolaires. On peut dire qu'elles ont été inopérantes.

En rendons-nous responsables les Commissions scolaires elles-mêmes ? Pas le moins du monde.

C'est à la manière dont elles étaient composées qu'elles ont dû leur impuissance.

Or, les Commissions locales sont composées, quoique plus étendues, d'après le même principe. Elles ne feront pas davantage, parce qu'elles aussi seront paralysées par l'impossibilité où seront les hommes qui la composeront de courir le risque de se mettre à dos la plupart de leurs concitoyens.

Il faut éviter, si l'on veut que l'organisation de l'enseignement post-scolaire ne soit pas une nouvelle faillite que les sanctions viennent et même paraissent venir du maire ou de la Commission locale.

L'application automatique d'une amende pour un nombre déterminé d'absences non justifiées serait d'ailleurs bien préférable. Pourquoi n'inscrirait-on pas ce principe dans la loi ?

La Commission locale serait déchargée de toute responsabilité, et, en admettant que ce soit à elle, conformément au projet de loi que l'on adressât les listes d'absences, son rôle, qui serait de juger les motifs invoqués par les parents et les patrons serait bien plus facile à remplir, puisqu'au lieu de morigéner ou de déférer les délinquants au tribunal, elle pourrait, en acceptant pour valables les raisons données, leur éviter une application de la peine.

Elle ne pourrait ainsi se montrer indulgente à l'excès, surtout si ses décisions devaient être sanctionnées par la Commission départementale qui pourrait toujours les annuler.

*_**

ART. 34. — Les adolescents qui suivront un nombre de cours privés inférieur au minimum prescrit par les articles 2 à 6 de la présente loi seront poursuivis conformément à la procédure décrite et seront passibles des peines prévues à l'article précédent.

Les cours privés dont l'organisation sera jugée insuffisante pour assurer aux adolescents l'éducation prescrite par la présente loi seront fermés par le préfet, sur la proposition de la commission départementale, sauf appel devant la commission supérieure et le ministre.

Nous avons peu à dire au sujet de cet article : une simple question à poser cependant.

Comment saura-t-on que les adolescents suivent un nombre de cours privés inférieur au nombre fixé par la loi ?

Dans ceux qui auront accepté l'inspection des autorités scolaires, en vue de recevoir des subventions, la chose sera difficile déjà, et nombre d'élèves pourront suivre les cours *sur le papier* sans que les inspecteurs puissent durant une inspection qui dure si peu de temps, s'en apercevoir facilement, mais dans les autres, dans ceux qui ne seront pas soumis aux visites des inpecteurs, comment sera-t-on renseigné ?

C'est peut-être un point à élucider.

On consultera les livrets post-scolaires. Sera-ce bien une preuve suffisante ?

C'est ici surtout que la loi, paraissant régulièrement appliquée en principe, risque le plus d'être tournée.

*_**

ART. 35. — Les adolescents exclus des cours (publics ou privés) pour indiscipline seront poursuivis conformément à la procédure décrite et seront passibles des peines prévues par l'article 33.

Les mêmes peines qui seront applicables aux délinquants, c'est-à-dire à ceux qui, sans raison suffisante, auront manqué les cours seront donc applicables également à ceux qui se seront fait exclure pour indiscipline ?

Cela ne paraît ni rationnel, ni suffisant.

Celui qui s'absente ne trouble personne, n'arrête pas le travail de toute une classe. En fait, il ne porte tort à la collectivité que parce qu'il porte tort à soi-même, et celui qu'il se fait à lui-même est certainement le plus important.

Pour qu'un adolescent soit exclu d'un cours, il faudra que non seulement il se soit montré grossier, turbulent mais qu'il ait à plusieurs reprises été une cause de trouble sérieux.

On ne ferme pas la porte à un élève pour une peccadille, ni même à une première faute grave. On hésite, on temporise, on espère toujours une amélioration, et ce n'est qu'après de nombreuses admonestations que l'on se résoud, et toujours à contre-cœur à prendre une mesure aussi radicale.

Et la peine sera la même pour des jeunes gens animés du plus mauvais esprit et pour ceux qu'un peu de mauvaise volonté personnelle, quelquefois des ordres ou des suggestions auront empêché de suivre régulièment les cours ! !

Il faut, à notre avis, des sanctions plus sévères. De 5 à 15 francs d'amende pour être exclus ? C'est bon marché, et on peut être assuré que quelques-uns en profiteront pour recouvrer leur complète liberté.

**

Art. 36. — A partir du 1ᵉʳ janvier prochain, nul ne sera admis dans une administration de l'Etat, des départements ou des communes ; nul ne recevra au titre civil une distinction honorifique s'il ne fait la preuve qu'il a régulièrement satisfait aux obligations imposées par la loi du 28 mars 1882 et par la présente loi ou qu'il a été, par son âge ou par une cause de force majeure, empêché d'y satisfaire.

Art. 37. — Sont abrogées toutes dispositions contraires à la présente loi.

Art. 38. — La présente loi est applicable à l'Algérie.

Sanctions anodines. Elles ne pourraient d'ailleurs avoir d'effet que sur les futurs candidats aux fonctions administratives ou aux distinctions honorifiques.

Y pense-t-on avant vingt ans ? Et quels effets aura cette mesure sur les adolescents ? Vraiment je ne vois pas, et personne ne verra mieux que moi un jeune homme suivant les cours d'adolescents dans l'espoir de devenir plus tard garde-champêtre.

Et qu'importent ces dispositions à ceux qui seront cultivateurs ou journaliers à la campagne, ouvriers dans les villes, artisans un peu partout.

Combien sont-ils, d'autre part, qui s'astreindront à la fréquentation des cours afin de pouvoir, le cas échéant, et

10 ou 15 ans après, recevoir les palmes académiques ou le mérite agricole.

Ce sont là des sanctions anodines, je le répète ; j'ajoute absolument inopérantes parce qu'elles n'intéressent ni ne sauraient toucher la masse.

C'est autre part qu'il faut chercher ; c'est dans la privation du droit de vote et la prolongation du service militaire que l'on pourrait trouver la vraie solution.

« Tu n'as pas voulu devenir, en t'instruisant, alors que l'on t'en fournissait les moyens, le citoyen que ton pays espérait, ton pays, estimant que tu ne seras capable de prendre part aux affaires publiques que lorsque l'expérience de la vie aura remplacé chez toi les connaissances que tu as refusé d'acquérir, tu ne seras électeur qu'à ? ans ».

« Tu as refusé de servir ton pays en t'instruisant afin d'être un citoyen éclairé et un bon ouvrier, et de donner quelques heures par semaine à ton perfectionnement afin que monte un peu le niveau intellectuel de la France, tu répareras le tort que tu lui as causé en lui donnant ? mois supplémentaires de service militaire. »

Cela, tout le monde le comprendrait, car cela toucherait tout le monde.

Sauf cependant les *adolescentes*. Aucune des mesures prévues à l'article 36 ne les toucherait, (excepté, cependant dans une très faible mesure, celle qui a trait aux fonctions administratives) pas plus d'ailleurs que celles que j'ai proposées.

Quelques associations ont pensé que les récompenses (livres, outils, etc.) pourraient avoir un effet appréciable.

C'est sans doute un adjuvant susceptible de rendre quelque service.

Mais je ne pense pas que ce puisse être là une disposition légale. Il serait toujours loisible aux Communes et aux départements de prendre une initiative en ce sens.

Les difficultés

Supposons un instant que la loi, discutée, votée et promulguée *doive être énergiquement appliquée* (Remarquez bien, je vous prie, que c'est là une simple supposition).

A quelles difficultés va-t-on se heurter ?

Celles qu'ont prévues les Amicales sont les suivantes :

1° *Insuffisance ou absence des locaux et du matériel nécessaire.*

2° *Résistance des Communes à voter les fonds nécessaires à la construction des uns et à l'acquisition de l'autre.*

3° *Difficultés de trouver partout des professeurs spéciaux, et plus particulièrement dans les communes rurales.*

4° *Impossibilité pour l'instituteur, s'il est appelé à tout faire, de trouver le temps et la force physique nécessaires pour satisfaire à toutes les exigences de la loi.*

5° *Hostilité ou indifférence des patrons.*

6° *Hostilité ou indifférence des jeunes gens et de leurs familles.*

7° *Apathie de ceux qui auront mission de faire appliquer la loi.*

1°. — INSUFFISANCE OU ABSENCE DES LOCAUX ET DU MATÉRIEL NÉCESSAIRES

L'article 16 spécifie que, à défaut d'autre local, c'est à l'école primaire élémentaire qu'auront lieu tous les cours organisés en vue de l'enseignement des adolescents.

Je n'ai, en examinant l'article lui-même, que voulu faire ressortir quelles seraient les conséquences de cette intrusion à l'école primaire, d'éléments quelquefois opposés, quelquefois simplement étrangers à l'école laïque.

Je me suis réservé d'examiner ici les conséquences diverses de cette disposition particulière.

Rappelons seulement pour mémoire les inconvénients cités à l'étude de l'art. 16.

1° *Occupation des locaux (déjà pris par la classe de 7 h. 1/2 à 16 1/2, quand il n'y a ni études ni retenues) durant 1 h. 1/2 au moins de plus chaque jour ;*

2° *l'instituteur sans une minute de repos, réduit, même quand il ne sera pas de service, à l'emploi de surveillant général et aux fonctions de concierge.*

Mais il en est d'autres non moins importants.

Si l'on établit les cours des adolescents dans le même local que l'école primaire, il devra nécessairement se servir du mobilier qui s'y trouvera.

Cela sera-t-il pratique, ou seulement possible ?

Les élèves, au cours d'adolescents, seront aussi nombreux que les élèves à la classe du jour. Mais leur taille n'est plus la même. Et on ne pourra faire asseoir sans difficulté des jeunes gens et des jeunes filles de 17, 18 et 19 ans dans les tables construites pour des enfants de 6, 8 ou 9 ans.

Cela est d'autant plus facile à comprendre que nos tables d'écoliers s'établissent déjà sur 3 modèles différents correspondant aux tailles des enfants.

Il faudra cependant se résoudre à faire placer les adolescents dans des tables trop petites et trop étroites pour eux.

Que sera le travail dans d'aussi défectueuses conditions ? Et la discipline ?

D'ailleurs une autre objection se présente car les anciens mobiliers et les tables à places multiples sont loin d'avoir disparu. Dans les tables où tiennent facilement 10 enfants de 7 ans, on ne pourra faire entrer que 6 ou 7 adolescents, la table ne s'allongera pas d'elle-même, et les jeunes gens ne se tasseront pas à volonté. Où mettra-t-on ceux qui ne pourront s'asseoir ?

De toute nécessité, il faudrait qu'un mobilier spécial fût créé pour les adolescents.

Mais immédiatement vient cette question : Où le mettra-t-on ? Car on ne pourrait chaque jour opérer la substitution nécessaire. Et la conséquence de l'acquisition d'un mobilier convenable sera la construction ou l'appropriation d'un local indépendant.

Ce serait certainement le rêve. L'école du jour et l'école des adolescents chacune chez elles.

Car, à côté des ennuis d'ordre matériel que je viens de signaler, il en est d'autres d'ordre moral dont on ne peut pas ne point tenir compte.

N'aurait-on pas à redouter, si les enfants et les adolescents occupaient successivement les mêmes locaux et se servaient du même mobilier, que les grands jeunes gens, se laissant aller à quelque imprudence, ne laissent sur les murs ou dans les cases des inscriptions ou des dessins sur la nature desquels je ne veux pas davantage insister ? C'est une chose à quoi il faut penser et que la surveillance la plus active pourrait bien ne pas empêcher ?

On ne peut s'astreindre à une visite quotidienne et complète de tout le matériel, de tous les murs et de toutes les cases.

A tous points de vue, nous constatons donc qu'il vaudrait mieux que rien ne fût commun que les maîtresses et les maîtres entre les deux écoles.

Mais l'acquisition du mobilier, la construction et l'appropriation des locaux nous amènent à examiner la seconde objection.

2°. — Résistance des Communes a voter les fonds nécessaires a assurer le fonctionnement de la loi sur l'éducation des adolescents.

C'est un argument avec lequel on doit compter. Nombre de Communes, particulièrement celles dont la situation est déjà obérée, ou celles dont le Conseil municipal restera, quoi qu'on fasse, réfractaire à la pensée qui a guidé les auteurs de la loi, opposeront à tous les appels et à toutes les admonestations des Préfets ou des Ministres, la force d'inertie contre laquelle viennent se briser les efforts les plus caractérisés et les plus persévérants.

Le fait qu'il est prévu dans la loi *qu'aucune nouvelle construction d'école ne sera autorisée si on n'a point prévu les locaux nécessaires à assurer le service de l'éducation des adolescents* (art. 17), ne résoud pas la question ou tout au moins ne la résoud que pour les Communes en mal de construction.

Combien sont-elles aujourd'hui, et combien seront-elles au lendemain de la guerre ?

Mais pour les autres ? Pour celles dont les écoles, construites, il y a longtemps déjà, sont des modèles d'installation défectueuse et antihygiénique (et de celles-là, combien y en a-t-il) ; pour celles qui déclareront ne pouvoir s'imposer les charges que nécessiterait pour elles l'application de la loi ; pour celles qui refuseront catégoriquement de voter les dépenses demandées ou qui resteront sans répondre à toutes les mises en demeure, comment la résoudra-t-on ?

Il n'est pas difficile de le prévoir !

Les Communes ne se préoccupant pas de fournir les locaux nécessaires, d'acquérir le matériel convenable, de voter le traitement du personnel mis à leur charge, c'est à l'école qu'auront lieu les cours, c'est le matériel que l'on emploie pour les enfants de 6 à 13 ans qui servira pour les adolescents de 13 à 20 ans, et c'est l'instituteur (ou l'institutrice) qui, à lui seul, sera tout le personnel.

De sorte que la difficulté se résoudra aux dépens de la santé, des forces et de la tranquillité du personnel primaire, et aux dépens aussi hélas, du travail et des progrès des deux écoles.

Oui, je sais bien, la loi prévoit que deux ou plusieurs communes pourront mettre en commun leurs ressources pour avoir un local, un matériel et un personnel communs.

Cela est très joli en théorie, mais à l'application du principe, on va trouver quelques difficultés dont on deviendra malaisément victorieux.

Ce local sera forcément situé sur une seule de ces communes. C'est mal connaître nos campagnes que de croire que le Conseil municipal de A votera sans hésitation des centimes communaux pour édifier une école à B, pour participer à l'achat du matériel, pour, enfin, payer le personnel mis par la loi à la charge des communes.

Et puis, quelle distance sépare A de B ? 3, 4, 5 ou 6 kilomètres ; j'entends ici distance de mairie à mairie, distance légale.

Car, dans bien des campagnes, comme dans la Bresse, le Morvan, le plateau Central, la Bretagne (et je ne parle que de ce que je connais), les communes ne sont que la réunion de hameaux quelquefois très éloignés du centre. Certains élèves auront à faire un véritable voyage pour se rendre à l'école des adolescents.

Le pourront-ils toujours, les jeunes filles surtout, par les mauvais temps d'hiver, alors que précisément le chômage imposé par la saison aux travailleurs des champs leur laisserait le temps nécessaire ?

S'il s'agit d'apprentis ou de jeunes ouvriers, une autre difficulté surgit. Le temps passé à l'école doit être pris sur la durée de la journée légale du travail. Mais le temps nécessaire pour se rendre à l'école, qui le fournira ?

S'il faut une heure pour aller de A à B, une heure pour en revenir, cela fait avec l'heure passée au cours, une durée de 3 heures.

Que diront les patrons toute l'année, et en été surtout les fermiers ?

N'y a-t-il pas là une pierre d'achoppement sérieuse, assez sérieuse pour apporter une entrave, insurmontable en bien des cas, à la possibilité d'une entente entre plusieurs communes pour organiser l'éducation des adolescents.

Et il semble bien que cette faculté n'apporte pas aux collectivités communales le moyen de faire preuve de bonne volonté.

J'indique, en passant seulement, une autre objection qui est celle des mamans : Les familles verraient-elles d'un œil calme ces longues courses faites en commun entre jeunes gens et jeunes filles si les cours étaient mixtes ou seulement si les cours avaient lieu les mêmes jours pour les adolescents des deux sexes ?

Mieux vaudrait un cours mixte dans la Commune que des cours séparés ayant lieu le même jour dans une commune éloignée.

Non, cette faculté ne résoud rien.

Il n'est qu'un moyen. C'est celui qui est indiqué au titre de la loi relativement aux adolescents par le mot obligatoire.

On *oblige* les jeunes gens et les jeunes filles à fréquenter les cours d'adolescents, qu'on *oblige* également les communes à faire les sacrifices nécessaires.

La loi, obligatoire pour les individus doit être également obligatoire pour les Communes. Sans cela, elle court à un échec certain. Qui veut la fin doit vouloir les moyens.

3°. — DIFFICULTÉ DE TROUVER PARTOUT DES PROFESSEURS SPÉCIAUX

Une autre difficulté, et non des moindres, sera de trouver, dans les campagnes, des professeurs capables de donner les enseignements conformes aux prévisions du projet.

L'éducation générale n'est pas ici en cause, c'est le personnel primaire qui en aura la charge. Ainsi en a décidé la loi, qui sur ce point, du moins, a suivi les lois de la logique (abstraction faite toutefois du temps à consacer aux cours et du mode de paiement).

Mais qui donnera l'enseignement technique industriel, l'enseignement technique commercial, l'enseignement purement agricole ?

Où trouvera-t-on les professeurs nécessaires ?

Dans la grosse majorité des campagnes on ne les découvrira pas.

On ne peut songer à avoir un professeur spécial pour chaque école d'adolescents.

Aussi plusieurs A. ont-elles envisagé comme utile la création de postes de professeurs, disons *ambulants*, qui chargés d'un enseignement particulier, le donneraient dans plusieurs communes en se rendant eux-mêmes dans les diverses écoles aux jours fixés pour leur cours.

C'est une façon de solutionner la question ; mais il est facile de s'apercevoir que le nombre des professeurs nécessaire serait encore trop considérable.

En tout état de cause, aucun maître ne pourrait arriver à desservir plus de 6 communes (une par jour) au maximum.

Or, il faudrait au moins 2 professeurs différents pour chaque commune (*technique industriel et technique commercial, ou un de ces deux enseignements avec l'enseignement agricole*) ; que l'on compte à quel chiffre monterait le personnel nécessaire à l'éducation des adolescents.

Encore n'ai-je pas fait allusion à l'enseignement de la gymnastique, dont une loi spéciale, dit l'art 19, doit régler l'enseignement.

Quelles sont les conditions dans lesquelles se recrutera le personnel nécessaire ?

On fait état, dans la loi, d'un personnel bénévole.

Qu'il me soit permis de dire ici que rien ne serait plus dangereux pour la loi que d'être appliquée par des professeurs de bonne volonté.

A-t-on pensé vraiment que les commerçants abandonneraient leurs comptoirs, que les artisans déserteraient leurs ateliers plusieurs fois par semaine pour assumer, à titre gracieux, la charge d'un cours aux adolescents ?

Au début, et lorsque la mise en train stimulera les zèles et les dévouements, quelques-uns, peut-être, avec le sentiment de se rendre utiles au pays, beaucoup plus, dans l'espoir de décrocher un morceau de ruban qui parera leur boutonnière, se feront inscrire.

Mais ils viendront se heurter aux difficultés de l'enseignement, difficultés qu'ils ne soupçonnent pas du tout, et qui auront vite raison de leur bonne volonté.

Je sais bien qu'il y aura des exceptions, que d'aucuns réussiront à s'imposer aux élèves, mais que sera ce nombre vis-à-vis des exigences de la situation ?

C'est là, cependant, le moins grave des inconvénients qui résulteraient de l'emploi du personnel bénévole.

Un autre, bien plus important, c'est que, faisant son travail, à titre gracieux, il le ferait quand il le voudrait, et comme il le voudrait.

Le jour du cours, alors que les élèves rassemblés attendraient leur professeur, celui-ci retenu par une affaire ou par un client, ne viendrait pas.

Et que pourrait-on lui reprocher ?

La réponse qui jaillirait toute seule de ses lèvres, serait celle-ci, (sinon les mots, du moins l'esprit) : « Si vous n'êtes pas contents, cherchez un professeur à meilleur marché. »

Et la même réponse serait faite à toutes les observations de la Commission locale ou des Inspecteurs, si ceux-ci les rappelaient à l'application des programmes, ou voulaient diriger son enseignement dans sa classe.

En principe, on ne peut faire fond sur le personnel bénévole.

Et il sera difficile de s'en procurer un autre, même en le payant.

Voilà pourquoi, l'Instituteur, qui n'a jamais étudié ni technique industrielle, ni technique commerciale, qui n'a étudié d'agriculture que ce qu'il lui en fallait pour ses élèves du C. E. P. E., va, en plus du cours d'éducation générale, se trouver chargé de tous les autres cours... dont il se tirera comme il pourra.

Quant à l'enseignement professionnel proprement dit, on se demande également comment on pourra trouver dans toutes les communes, des ouvriers capables de jouer, à l'école des adolescents, le rôle de contre-maîtres.

Qu'il y ait un peu partout des ouvriers consciencieux et connaissant bien leur métier, ce n'est pas nous qui nous élèverons contre cette constatation que nous sommes les premiers à faire. Mais savoir, et savoir enseigner sont deux choses éminemment différentes.

Et pour qui ne sait rien des difficultés de l'enseignement, les débuts pourraient bien paraître pénibles au point de lasser le courage et la bonne volonté du nouveau personnel... si on le trouve.

De plus, quels patrons quitteront leurs affaires ou autoriseront leurs ouvriers à quitter l'étau ou l'établi pour se transformer une heure durant en chef d'atelier ?

C'est là une difficulté presque invincible car l'Instituteur est cette fois absolument incapable de jouer le rôle de professeur de travail manuel.

Tout ce que je viens de dire est vrai également pour l'enseignement pratique agricole. Les fermiers n'abandonneront pas leur travail pour faire l'école.

Mais l'Instituteur bêche son jardin et fait, encore aujourd'hui (ce qu'il ne fera plus, car il n'en aura plus la possibilité), pousser des choux, des carottes et des pommes de terre. En conséquence, il sera probablement élevé à la dignité de chef de culture.

Quel homme universel !!!

N'y aurait-il rien à faire à ce point de vue ? Il semble que si, cependant.

Il faudrait encourager le travail personnel des maîtres, en créant des titres particuliers pour ces enseignements nouveaux ; il faudrait établir des certificats d'aptitude à l'enseignement agricole, à l'enseignement du dessin industriel, des travaux manuels, de la couture, de la comptabilité, etc., et pousser, par des primes le personnel à les acquérir.

Il faudrait que ces primes fussent soumises à retenue afin que la répercussion du travail personnel se fît sentir, non seulement durant la carrière, mais aussi après la mise à la retraite des intéressés.

Quelle serait leur importance ?

Il en existe déjà, notamment pour les brevets d'arabe et de langue kabyle en Algérie, qui atteignent 300 francs.

Ce pourrait être une indication.

Les maîtres pourvus de ces diplômes y gagneraient en valeur, ce qui est appréciable, mais aussi en autorité, ce qui n'est pas à dédaigner.

Et ici se posent des questions dont la solution ne laisse pas d'être embarrassante.

Comment une institutrice, seule dans une commune, ou détachée dans une école de garçons pourra-t-elle assurer le service ?

La maîtresse qui exerce dans une école mixte sera-t-elle chargée de donner l'enseignement à la fois à tous les anciens et à toutes les anciennes élèves de l'école ?

Si les cours mixtes ont lieu le soir, et cela arrivera fatalement en hiver, les familles ne verront-elles aucun inconvénient à laisser leurs jeunes filles se rendre à la salle de cours ?

Et si les cours sont séparés où l'institutrice trouvera-t-elle le temps de tout faire ?

Une jeune fille ou une jeune femme de 25 à 30 ans aura-t-elle l'autorité nécessaire pour maintenir la discipline de sa classe et assurer un travail utile aux grands élèves ?

Quelle sera sa situation si l'un d'eux se montre inconvenant ou vient au cours en état d'ivresse ? (La chose est malheureusement possible ; elle est en tout cas à prévoir).

Porter plainte ? Ce sera se créer des inimitiés implacables et des difficultés de toutes sortes.

Supporter les insolences ? Que sera l'école et que seront les progrès ?

Autant de questions que semblent n'avoir pas envisagées les auteurs du projet de loi et qui ne sont pas, cependant sans importance.

4°. — IMPOSSIBILITÉ POUR L'INSTITUTEUR (OU POUR L'INSTITUTRICE), S'IL EST APPELÉ A TOUT FAIRE DE TROUVER LE TEMPS ET LA FORCE PHYSIQUE NÉCESSAIRES POUR SATISFAIRE A TOUTES LES EXIGENCES DE LA LOI.

J'ai étudié la question *temps* en discutant le texte de l'art. 3 et la question force physique en même temps que la question compétence, au cours de l'étude de l'art. 19.

Je n'ai rien à retrancher des observations que j'ai signalées et qui m'ont été suggérées par les rapports des A.

Je ne veux ajouter qu'un mot.

J'ai fait remarquer que les nouvelles obligations que lui imposerait le projet de loi ne lui laisseraient plus une minute à passer en famille ou à consacrer à ses intérêts particuliers.

Mais où une institutrice trouvera-t-elle le temps d'élever ses enfants tout petits ?

Prise du matin au soir par la préparation de sa classe, par l'école du jour, par la surveillance des récréations (*et souvent depuis la guerre, par les travaux de la mairie, comme secrétaire*), il lui faudra se remettre à une préparation nouvelle, donner de nouvelles heures de service, et continuer, sans répit, la tâche, déjà si lourde pour un homme, de l'enseignement oral.

Plus de jeudi, parfois plus de dimanche.

Mais, et ses enfants ? et l'entretien de sa maison ? de son linge ? Et la cuisine à faire ?

Elle sera obligée quand même d'avoir une tenue quelque peu soignée. Si l'on voyait les maîtres et les maîtresses de nos écoles publiques ne pas être mis, je ne dis pas avec recherche, mais au moins d'une façon convenable, on eques ne tarderait-on à leur rappeler que la première condition, pour qu'un enseignement porte ses fruits, c'est qu'il soit donné par un professeur qui prêche d'exemple et impose le respect par la correction de sa tenue et de sa conduite.

Comment fera-t-elle, grand Dieu !

Ce sont là sans doute des considérations de petite envergure et bien terre à terre.

Mais la vie est faite de ces petits détails et le personnel primaire, obligé de compter chaque jour avec eux, n'a eu garde de les oublier quand il a recherché les éléments nécessaires à la discussion du projet de loi.

Et ont-ils vraiment si peu d'importance qu'il faille n'en pas tenir compte dans la discussion du projet ?

Je ne le crois pas, puisque les Inspecteurs primaires, nos chefs les plus directs, sont appelés, lors de l'inspection de l'école où nous exerçons, à donner aux maîtres et aux maîtresses qui en composent le personnel, une note de tenue.

5°. — HOSTILITÉ OU INDIFFÉRENCE DES PATRONS

Est-ce assez de parler de l'indifférence des patrons ?

Sur cent d'entre eux, combien seront partisans de la loi et se soumettront de gaîté de cœur à ses exigences ?

L'énorme majorité semble devoir y être opposée, surtout dans les campagnes, et les indifférents se compteront.

La plupart envisageront les ennuis qu'elle leur créera dans le présent, sans vouloir escompter les avantages réels qu'ils en tireraient dans l'avenir.

La mise en application de la loi prend, sur la journée légale du travail, le temps consacré par les apprentis à perfectionner leur instruction.

Le seul fait que beaucoup se borneront à envisager est celui-ci : leurs apprentis, voire même leurs jeunes ouvriers, seront appelés à quitter l'atelier une heure ou une heure et demie plus tôt.

Les patrons seront portés à abuser des demandes de dispense prévues par la loi, quand ils ne tenteront pas de mettre une opposition nette à la fréquentation des cours par les jeunes gens placés sous leurs ordres.

Et s'ils estiment vraiment que la loi leur porte tort, ils auront plus d'une façon de détourner leurs ouvriers et leurs apprentis de l'obéissance qu'ils lui doivent.

Ils dénigreront à plaisir l'enseignement du cours d'adolescents et par ricochet, le maître deviendra ainsi le bouc émissaire.

Ils procèderont par allusions, afin d'être inattaquables et suggèreront à ceux qu'ils occupent, ou l'abstention, ou l'idée de créer des difficultés aux professeurs.

Nouvelle source d'ennuis pour ceux qui enseigneront.

Les patrons souffriront-ils réellement de la mise en vigueur du projet de loi ? et de quoi pourront-ils arguer pour justifier leur opposition ?

Ainsi que je le disais au début, ils se plaindront du temps moindre que les apprentis emploieront directement à l'étude du métier, du travail moindre que les ouvriers de 18 à 20 ans fourniront à leur maison.

Sans doute, les patrons instruits et intelligents, qui savent, par expérience, que l'ouvrier intellectuellement développé rend généralement plus que l'ouvrier qui n'a appris que la pratique de son métier, qui comprennent aussi que l'organisation des cours sera susceptible de leur enlever le souci et la peine d'enseigner la partie théorique de leur profession, verront que leur intérêt, bien compris, concordant avec celui de leurs ouvriers, est dans l'application de la loi.

Mais, dans les communes rurales, la plupart des artisans, bons ouvriers et souvent très adroits, ont appris de leur patron à eux, des procédés empiriques qui leur suffisent, qui leur ont permis de faire face à leurs affaires, de satisfaire leur clientèle, et ils ne jugeront pas nécessaire que leurs apprentis... et leurs ouvriers travaillent d'une autre façon.

Et si nous n'avions peur d'être accusé de voir les choses par le petit côté, nous ajouterions : Ne seront-ils pas diminués à leurs propres yeux et ne sentiront-ils pas leur prestige amoindri si leurs subordonnés essaient, chez eux, de s'affranchir des méthodes routinières et veulent mettre en pratique les procédés qu'on leur aura enseignés au cours d'adolescents ?

C'est là, cependant, quelque chose qu'il ne faut pas oublier.

Petit côté de la question, sans doute, mais il faut, a dit Victor Hugo, se défier des petits points de départ.

Enfin, ne pourront-ils pas se plaindre, et ici les patrons des grands établissements y sont intéressés, du fait que le départ de l'apprenti, avant la fin de la journée, immobilisera un ouvrier à qui son aide est nécessaire.

En effet, dans bien des cas, les débuts de l'apprentissage consistent pour le jeune homme à participer d'une façon active au travail comme servant d'un ouvrier, d'un compagnon, comme on disait autrefois.

En prescrivant que les cours auront lieu au début ou à la fin de la journée de travail, les auteurs du projet de loi ont atténué, autant que possible, l'effet de ses prescriptions.

Les discussions dans les Commissions prévues par la loi pourront en suggérer d'autres, l'usage en révèlera certainement.

Il faut bien se dire qu'une réforme comme celle que l'on a en vue ne peut pas trouver du premier coup sa forme définitive.

De même qu'à l'user se découvriront des obstacles insoupçonnés, de même se découvriront des moyens qui permettront de les vaincre et d'aplanir ceux qui déjà sont prévus.

6°. — HOSTILITÉ OU INDIFFÉRENCE DES JEUNES GENS ET DE LEUR FAMILLE.

Il faut s'attendre à voir les débuts de l'application de la loi sur l'éducation des adolescents être excessivement durs.

Que les enfants qui fréquentent actuellement les écoles, leur scolarité terminée, continuent, comme adolescents, à venir suivre les cours que l'on se propose d'établir, on peut l'espérer. Et encore faudra-t-il compter avec les mauvaises volontés.

Mais ce n'est pas sans résistance que les jeunes gens (filles et garçons), de 14 à 20 ans, qui auront oublié le chemin de l'école depuis 2, 4 et même 6 années, s'y résoudront.

Comment les y obliger, et les sanctions prévues y suffiront-elles ?

Parents et patrons seront responsables, c'est entendu ; mais si les jeunes gens quittent l'atelier ou la maison à l'heure du cours et vont tout autre part qu'au cours ?

Et s'ils y viennent, comment se traduira leur mauvaise humeur, sinon par une évidente mauvaise volonté au travail et le désir facilement réalisable de troubler la classe.

La discipline sera très probablement difficile et la fréquentation souvent irrégulière.

A cet âge, l'on a encore la mentalité d'un enfant tout en ayant des velléités de se croire un homme.

Ils penseront pouvoir se livrer à des écarts de conduite ou de langage qui ne seront pas toujours aisés à réprimer, mais qu'il faudra cependant savoir réprimer sans brutalité tout en le faisant avec une absolue fermeté.

Dans ces conflits, souvent renaissants, sur qui le professeur pourra-t-il s'appuyer ? Sur la Commission locale ?

Composée, comme le prévoit le projet, il n'est guère à

espérer que ses membres consentiront à risquer de s'aliéner les sympathies de leurs concitoyens ?

Sur le Maire ?

Même partisan de la loi et dévoué à l'éducation post-scolaire, que pourra-t-il faire contre tous ?

A ce point de vue encore, dans les campagnes, l'Instituteur sera seul, livré à ses propres forces, et nous verrons se renouveler contre lui les cabales que n'ont pas oubliées ceux qui ont assisté aux débuts de l'application de la loi de 1882.

Les familles, les patrons, les élèves qui entendront résister à la loi s'uniront contre les maîtres et les maîtresses qui représenteront, à leurs yeux, l'obligation nouvelle qu'elle leur impose.

Et à cause du sempiternel « Pas d'histoire » on ne peut même pas trop espérer que les chefs directs sous l'autorité desquels ils se trouveront au moment de l'incident, les soutiendront toutes les fois qu'ils auront raison.

N'oublions pas, en effet, qu'ils ne dépendront du ministère de l'Instruction publique que durant les 150 heures d'éducation générale, et que pour la durée de tous les autres cours *qui leur seront attribués*, suivant l'euphémisme officiel, ils dépendront d'une autre administration.

7°. — APATHIE DE CEUX QUI AURONT MISSION DE FAIRE RESPECTER LA LOI.

J'ai dit, en parlant des Commissions locales, au cours des observations sur les articles 10 et 11, combien peu le personnel primaire avait confiance en leur énergie, voire même en leur bonne volonté.

J'ai dit également pour quelles raisons les Maires des Communes, même ceux qui seront convaincus de la nécessité de l'enseignement post-scolaire obligatoire, ceux qui y seront indifférents et à plus forte raison encore ceux qui y seront hostiles, ne pourront ou ne voudront donner un appui efficace à l'organisation des cours d'adolescents.

C'est que nous avons vu à l'œuvre les Maires et les Commissions scolaires organisées par la loi de 1882, et nous savons de quel piètre secours ils ont été pour assurer la fréquentation régulière.

On peut dire que la loi sur l'obligation est désuète.

Je n'y reviendrai que pour exprimer le souhait... justifié qui est au fond du cœur de chacun de nous :

Pourvu que ceux qui seront chargés de faire respecter la loi ne soient qu'indifférents et ne soient pas choisis précisément parmi les ennemis les plus irréductibles de l'édu-

cation post-scolaire en particulier, et de l'enseignement laïque en général !

Pourvu que les TROP DÉVOUÉS amis de l'école ne se créent pas des droits à une décoration quelconque en se faisant les trop dévoués surveillants du personnel primaire.

On a vu, déjà, tant et tant de cas où de soi-disant républicains n'ont réussi à se créer une virginité politique qu'en se faisant un marchepied de l'école publique et de son personnel, que toutes les craintes sont permises.

Et il n'y a pas bien longtemps que j'entendais un conseiller général, qui se croit républicain, dire d'un ton important : « Mes instituteurs. »

Des méthodes

Donner l'enseignement postscolaire de la même manière que l'enseignement scolaire proprement dit, serait le plus sûr moyen d'aboutir à un échec.

Les adolescents éprouveraient, s'ils étaient traités en enfants, une répulsion immédiate et peut-être invincible pour les cours, et par ricochet, pour les maîtres.

Il ne faut pas se le dissimuler, le supplément de scolarité qui leur est imposé sera, pour la grande majorité d'entre eux, une réelle contrainte.

Celles et ceux qui depuis plusieurs années auront quitté l'école y reviendront difficilement, la plupart du moins, et avec le sentiment qu'on la leur impose inutilement.

Il faudra que les maîtres s'évertuent à faire disparaître cette hostilité par la manière dont l'enseignement sera donné.

Le but à atteindre sera, sans que les cours perdent rien de leur valeur éducative, de les rendre assez attrayants pour que la répulsion primitive se change en agrément, que les grands élèves finissent par éprouver le sentiment que leur véritable intérêt est d'y travailler sérieusement et qu'ils ressentent même un certain plaisir à s'y rendre.

Ce ne sera pas toujours facile, et les moyens pour y parvenir, que l'on ne peut indiquer ici parce qu'ils varient avec l'âge des élèves, la nature des cours, voire même avec les régions, devront être, de la part des maîtres, l'objet de longues et laborieuses méditations.

Dans tous les cours d'adolescents, l'idéal serait que les professeurs parussent être pour leurs auditeurs, moins des maîtres, dans le sens étroit du mot, que des camarades auxquels les études, l'âge et l'expérience auront donné le droit d'enseigner et de les faire profiter des connaissances qu'ils ont acquises à force de labeur.

Qui fréquentera les cours ? Puisque tous ceux qui recevront l'enseignement des lycées, des collèges, des écoles primaires supérieures de tout ordre, des cours complémentaires et des pensionnats privés dont le programme dépasse celui qui est fixé pour le cours supérieur des écoles publiques, nous ne verrons s'asseoir sur les bancs des cours post-scolaire que les enfants du peuple, de ce peuple dont nous sortons, dont nous nous honorons d'être et dont nous voulons rester.

Or, les enfants du peuple, chez eux, dans la rue, vivent très jeunes dans la vie réelle, au contraire des fils de riches qui, calfeutrés ou à peu près dans la famille, sont systématiquement tenus à l'écart de tout ce qui donne du prix à l'activité humaine en lui procurant la possibilité de s'exercer.

L'enfant de l'ouvrier, dont le père passe la journée à l'atelier, dont la mère, souvent, travaille également au-dehors, ou se trouve retenue à la maison par les soins à donner à la nichée, comme l'enfant du cultivateur que le travail des champs tient éloigné du foyer et dont la mère sans cesse occupée dans l'intérêt de la ferme n'a pas le temps de surveiller les petits gars, sont le plus souvent livrés à eux-mêmes.

Ils voient tant de choses chaque jour, bonnes ou mauvaises, passent eux-mêmes par tant d'épreuves, amusantes ou angoissantes, qu'à l'âge où leur camarade élevé en serre chaude ignore encore tout de la vie, ils sont devenus singulièrement débrouillards (quelquefois trop) et se trouvent capables de comprendre bien des choses.

Est-ce un bien ? est-ce un mal ?

En tout cas, c'est une situation de fait dont le devoir du professeur sera de tirer parti, car c'est une situation favorable entre toutes. On en profitera pour exciter la curiosité, développer l'esprit d'observation et aiguiser le sens critique.

Dans chacune des matières du programme l'enseignement sera sobre et précis.

Tout ce qu'il faut, et rien d'inutile, doit être la devise des cours d'adolescents.

Je sais bien que le départ en sera malaisé, mais l'expérience viendra.

Tout ce qui est purement spéculatif en sera rigoureusement écarté, car une autre cause d'échec, surtout dans les débuts, serait d'accumuler les notions dont les jeunes gens ne verraient pas la portée pratique, ou de donner des démonstrations qui, passant par-dessus la tête des élèves, seraient pour eux sans intérêt et deviendraient vite un ennui.

Avec le souci d'enseigner agréablement des choses utiles, les maîtres devront avoir celui de développer la réflexion, le raisonnement, la précision, la droiture d'esprit.

Ce qu'il faudra, c'est habituer les jeunes gens à voir au-delà du moment où l'on est, à envisager les résultats d'une mesure, non pas seulement dans ses résultats immédiats, mais dans ses conséquences lointaines.

Y aura-t-il des manuels ?

Sans doute. Mais que vaudront ceux qui paraîtront les premiers ?

Ecrits à la hâte, conformément au programme général que dressera la Commission supérieure pour être bons premiers sur le marché, ils n'auront pu être étudiés à fond et comporteront fatalement la totalité des connaissances que tous les adolescents de toutes les séries seront censés devoir acquérir.

Tels quels, cependant, ils rendront des services. Ce seront, d'ailleurs, les seuls guides qu'auront, aux commencements de la mise en application de la loi, les maîtres qui seront chargés de faire les cours.

Mais écrits par des professeurs qui ne connaissent l'école primaire et ses élèves que pour en avoir entendu parler (et souvent de façon à leur en donner une pauvre opinion) ils seront souvent hors de la portée des jeunes gens pour lesquels ils auront été écrits.

C'est par la suite, seulement, que paraîtront les manuels véritablement pratiques, et spécialement composés pour une catégorie d'élèves.

J'en voudrais voir publiés par ceux-là mêmes qui, ayant professé dans les cours d'adolescents de campagnes reculées pendant 5 ou 6 ans, se seraient rendu compte, et de la force des élèves, et de leur facilité (ou de leur difficulté) d'assimilation.

Il est en tout cas un moyen d'enseignement qui aurait le double avantage de faciliter la tâche des maîtres et le travail des élèves, tout en rendant à ces derniers les cours attrayants et profitables.

Je veux parler du cinématographe, dont la valeur éducative et instructive est éminemment puissante, et avec lequel, suivant les films qui se déroulent sous les yeux des spectateurs, on peut faire, selon le cas, tant de mal ou tant de bien.

N'est-il pas à croire que, si les conférences d'histoire, de géographie, voire même de sciences appliquées au commerce, à l'industrie ou à l'agriculture étaient illustrées par des vues cinématographiques bien choisies et bien faites, elles s'éclaireraient d'une lumière particulière et seraient mises à la portée de toutes les intelligences.

Malheureusement, c'est seulement dans les villes ou dans les bourgs très importants que ce moyen peut être mis à la disposition de l'éducation post-scolaire.

Dans les campagnes, les cours d'adolescents en seront fatalement privés à moins qu'un inventeur de génie ne découvre un appareil assez peu coûteux présentant, ou à peu près, les avantages du cinéma et facilement installable partout.

Cependant, avec les projections lumineuses, les photographies et les superbes cartes postales qui s'éditent aujourd'hui, on pourrait, dans une certaine mesure, mais sans provoquer chez les élèves le même intérêt et le même désir de ne pas manquer les cours, atténuer en partie les inconvénients de l'impossibilité où l'on est d'y avoir recours.

Enfin, comme conséquence fatale de l'organisation des cours d'adolescents, il sera nécessaire de développer, dans les bibliothèques scolaires la section destinée aux adultes.

Les jeunes gens (au moins un certain nombre d'entre eux) se trouvant régulièrement à portée de la bibliothèque, reprendront goût à la lecture.

Encore faudra-t-il qu'ils puissent trouver, parmi les ouvrages qui seront mis à leur disposition des volumes qui tout en étant à leur portée, ne soient pas trop enfantins, et qu'un choix judicieux ait peuplé les rayons de choses à la fois instructives et agréables à lire.

Un certain nombre d'ouvrages soigneusement triés et distribués à propos pourraient rendre de précieux services.

Des programmes

L'ensemble des A. semble admettre que le programme général des cours d'adolescents doit être celui du Cours supérieur des Ecoles primaires après avoir subi quelques modifications qui en élaguent tout ce qui n'est pas d'une véritable utilité pratique.

Il est évident que si à l'examen de ces modifications on pose la question : L'enseignement de telle matière peut-il être utile ? on n'en trouvera pas une que l'on puisse supprimer.

Il en ira autrement si l'on pose la question : L'enseignement de telle matière a-t-il une importance telle que l'on ne puisse la retrancher du programme ?

Je sais bien que par un artifice de discussion on pourra répondre à la seconde question par les mêmes raisonnements qui serviraient pour trancher la première.

Ce sera à ceux qui seront désignés pour faire partie des diverses Commissions, à faire valoir les raisons pour lesquelles on ne devra pas établir des programmes si touffus que l'on désespère de les parcourir dans le temps fixé par la loi.

Aucune A. d'ailleurs ne s'est élevée contre les données proposées aux art. 2 et 5 du projet de loi.

Quelques-unes mêmes ont demandé, probablement en songeant à quelques nécessités régionales, (mais ceci sera l'objet de discussions dans les Commissions départementales ou dans les Commissions locales, lors de la fixation des programmes communaux) que l'on n'oubliât pas la broderie et la dentelle.

D'autres, au point de vue général, ont parlé de la tenue des livres, de la comptabilité, sans songer que, du moment qu'existeront des cours de technique commerciale, ces matières ne sauraient être omises ; d'autres, ont réclamé l'enseignement de la puériculture, de médecine pratique ou d'hygiène, d'éducation civique et sociale de la femme, de droit usuel pratique.

Il est évident que rien de tout cela ne sera oublié.

Mais il en est aussi qui ont songé à l'hygiène sexuelle.

Je ne verrais personnellement aucun inconvénient à ce que l'on fît aux adolescents des cours sérieux dans cet ordre d'idées.

Ils rendraient, j'en suis persuadé, les plus grands services.

Mais j'en verrais de grandes à ce qu'ils fussent faits par les Instituteurs ou les Institutrices.

C'est là matière absolument délicate, et dans laquelle, seuls, les docteurs, sont assez compétents pour faire des leçons profitables, pour ne pas dépasser les limites de l'hygiène pure, pour, enfin, par leur qualité, être à l'abri des réclamations et au-dessus des interprétations malveillantes auxquelles cet enseignement pourrait donner lieu.

Si de semblables leçons doivent être données, il faut qu'elles soient l'apanage de personnes qui n'aient rien à redouter des protestations possibles.

D'ailleurs, le personnel primaire serait ici, à mon sens, absolument au-dessous de sa tâche.

Des observations qui précèdent, il résulte que ce n'est pas l'ensemble des matières inscrites au programme de la post-école qui inquiète les instituteurs, mais bien plutôt les développements que l'on prétendra donner à chacune.

Mûris par l'expérience qui les a amenés à se défier *des expériences*, les membres de l'enseignement primaire ont également demandé que le programme soit assez précis pour éviter les interprétations abusives de braves gens qui, pour donner satisfaction, oserais-je dire à une MAROTTE, bouleversent à tout moment les méthodes.

Nous avons été assez souvent, dans nos classes, les victimes *d'accidents* de cette espèce pour que nous désirions ne pas retomber dans le même cas au cours de l'enseignement post-scolaire.

Combien d'enseignements et de méthodes ont été ainsi prônés, recommandés, déclarés susceptibles de rénover ou de sauver l'école ou la patrie, et n'ont duré que ce que durent les roses.

Elles ont disparu peu à peu, et leur emploi n'a rien produit de particulièrement éclatant.

L'enseignement vaut ce que vaut le maître ; et telle méthode excellente en de certaines mains ne donne rien quand elle est employée par quelqu'un au caractère ou au tempérament duquel elle ne s'adapte pas.

En fait, rien n'est moins absolu qu'une méthode pédagogique, et il me semble que c'est une erreur de juger un maître seulement par la méthode qu'il emploie, sans tenir compte des résultats qu'il obtient.

C'est donc là un souci explicable pour le personnel primaire.

Il y a cependant, dans le texte de la loi quelque chose qui peut nous rassurer. C'est le fait que les programmes, élaborés par la Commission supérieure, seront réduits par la Commission départementale qui en extraira ce qu'elle jugera nécessaire ou simplement utile aux écoles de la région, et que c'est dans ce programme restreint que choisiront les Commissions locales pour fixer les programmes locaux.

C'est d'ailleurs pour cette raison que nous demandons instamment une représentation DIRECTE ET SUFFISANTE du personnel primaire dans chacune de ces Commissions.

Nous n'avons point ainsi l'intention de jouer le rôle de Grosjean en remontrant à son curé, mais simplement le désir qu'il y ait au sein de chacune d'elles quelques-uns des nôtres qui puissent, avec une expérience autorisée, dire à la Commission au travail : « Attention, Messieurs, vous allez trop vite ou vous allez trop loin, et je vous en apporte les preuves tout en vous expliquant pourquoi. »

Le programme proposé par le projet a donc été considéré comme suffisant et acceptable.

Nous verrons aux développements si ceux-ci ne dépassent pas les limites qui nous semblent devoir être celles des cours d'adolescents. Ceux-ci n'auraient aucune raison d'être, s'ils n'étaient, avant tout, des cours pratiques.

J. REPIQUET.

CAHORS & ALENÇON, IMPRIMERIES COUESLANT. — 20.316

www.ingramcontent.com/pod-product-compliance
Lightning Source LLC
LaVergne TN
LVHW050622090426
835512LV00008B/1620